EL PEQUEÑO LIBRO

DEL

TAROT

EL PEQUEÑO LIBRO

DEL

TAROT

UNA INTRODUCCIÓN
A LA LECTURA DEL TAROT

CASSANDRA EASON

MADRID — MÉXICO — BUENOS AIRES — SANTIAGO
2024

CONTENIDO

INTRODUCCIÓN: COMPRENDER Y DISFRUTAR DEL TAROT

La lectura de las cartas del tarot es el método más sencillo y también uno de los más eficaces para descubrir los posibles caminos que recorrerás en el futuro, así como las oportunidades y los retos a los que se enfrentarán aquellos para quienes lees las cartas.

De hecho, aunque nunca antes hayas utilizado una baraja de tarot, desde el primer día, podrás comprender el significado de las cartas que hayas seleccionado mirando las imágenes, relajándote y dejándote guiar por su mensaje.

Lo cierto es que, cuando daba clases de tarot en mi universidad local, las mejores lecturas eran las que se hacían antes de que los estudiantes hubieran estudiado el significado de una carta aislada. Eso se debía a que los estudiantes atendían de verdad a lo que decían las imágenes, y no a lo que pensaban que debían decir según significados previamente establecidos. También escuchaban a la persona para la que leían y sintonizaban intuitivamente.

Hay 78 cartas en una baraja de tarot, divididas en 22 cartas mayores, que hablan de acontecimientos importantes, hitos concluyentes, el yo y otras personas significativas en la vida de la persona que pregunta, y 56 cartas menores, que se agrupan en 4 palos diferentes.

Estas últimas 56 cartas ofrecen más información sobre la influencia que ejercen en nuestras vidas quienes nos rodean, el contexto de las preguntas que nos hacemos y, a veces, las limitaciones con las que tomamos nuestras decisiones.

Estos palos comienzan con los ases (o unos) y llegan hasta los dieces o finales. Los palos incluyen dieciséis cartas de figuras: sotas o pajes, caballos o príncipes, reinas y reyes. Se refieren a personas de tu vida —pasada, presente o futura—, o a puntos fuertes y cualidades que puedes desarrollar.

Explicaré cada carta con más detalle en los capítulos siguientes.

DESARROLLAR UN SISTEMA DE LECTURA DEL TAROT QUE TE RESULTE ADECUADO

A medida que ganes en confianza, crearás tu propio sistema de lectura de las cartas. Los libros ofrecen sugerencias sobre disposiciones y la forma de realizar una lectura, así como los significados básicos de las cartas individuales; pero todo eso no es más que una plantilla básica para que luego tú hagas tuya la lectura de cartas.

Este libro está lleno de ideas que he encontrado útiles en los más de cuarenta años que llevo brindando lecturas, enseñando y escribiendo. Y, sobre todo, revisando constantemente mis ideas y prácticas. No obstante, descubrirás qué es lo que mejor te funciona experimentando también con distintas formas de elegir las cartas y haciendo que otros las seleccionen.

Al igual que cuando se conduce un coche, al principio se es consciente de los diferentes procesos, pero, poco a poco, todo se vuelve automático y uno se centra en la carretera y el paisaje, así como en la agradable compañía de tus acompañantes. Y lo mismo ocurre con el tarot.

A lo largo de este libro encontrarás diferentes tiradas: desarrollarás tus favoritas, pero lo más importante es que las adaptarás, o incluso idearás diseños propios que tengan sentido para ti.

La lectura del Tarot es una cuestión de confianza en ti mismo y en lo que *sientes*, en contraposición a lo que *piensas* o intentas deducir de las cartas. Porque, una vez que el análisis entra en acción, el yo psíquico que tiene acceso a lo que se está formando ante ti se ahoga.

CÓMO FUNCIONA REALMENTE LA LECTURA DEL TAROT

Tú, o la persona a la que estás tirando las cartas, siempre seleccionarás de la baraja, aparentemente al azar, las cartas pertinentes para responder a una pregunta mediante un proceso psíquico llamado *psicoquinesia*.

La psicoquinesias es el poder que guiaba automáticamente a los cazadores cavernícolas hasta donde se encontraban los animales y al mismo tiempo atraía a las criaturas a los terrenos de caza. La radiestesia, que permite encontrar petróleo, agua, minerales u objetos desaparecidos, e incluso submarinos enemigos en un mapa, utilizando varillas o un péndulo, también es psicoquinesia.

Todos somos psíquicos, pero, pasado el periodo de la infancia, nuestros poderes pueden verse abrumados por la lógica y las dudas. Sin embargo, uno *sabe* cosas instintivamente, sin tener acceso a la información pertinente. Los padres cuentan con un radar automático que se activa cuando los niños están en peligro o angustiados, incluso aunque se encuentren lejos de sus hijos; muchos adultos descuelgan el teléfono para marcar al mismo tiempo que les llama su madre, padre, hermano o hermana, sobre todo si algo va mal.

Otro poder psíquico, la clarividencia, sale a relucir cuando los dibujos de las cartas desencadenan imágenes en tu mente; también accederás a tu clariaudiencia innata cuando oigas en tu mente palabras o frases procedentes de tu propio ser sabio interior o de tus ángeles y guías, que te dan información a través de las cartas. También te afectará la clarividencia; esa sensación de saber algo que posteriormente se demuestra que es cierto, sin ser consciente de cómo lo sabes. Estas son las herramientas que utilizas espontáneamente al leer las cartas. En efecto, cuanto más leas el tarot, más activarás tus dones psíquicos en tu vida cotidiana.

ELEGIR LA BARAJA ADECUADA

Selecciona una baraja muy ilustrada. Por ejemplo, la baraja del tarot Rider Waite, en el que se basan la mayoría de las barajas modernas. Algunos de mis favoritos son el Universal Waite, el Tarot de los Druidas, el Tarot Celta, el Tarot Mitológico o la baraja Morgan Greer. Esas barajas son ideales para aprender, porque todas las cartas, y no solo las veintidós primeras Mayores, tienen una imagen para guiarte.

LAS IMÁGENES DESENCADENAN NUESTRO PROPIO E INTERIOR SISTEMA DE IMÁGENES CLARIVIDENTES O PSÍQUICAS

A pesar de la superstición, no da mala suerte en absoluto comprar tus propias cartas, y si un amigo o compañero quiere regalarte tu primer paquete, puedes sugerirle que lo hagáis juntos y acordar un día (mejor aún, podéis comprar dos barajas —una para cada uno— y aprender juntos).

Incluso si eliges la baraja tú solo, haz de ese un día divertido para que tu baraja comience tu relación contigo con felicidad. Si seleccionas la baraja por Internet, haz una pequeña celebración cuando llegue.

Dale una lectura rápida a este libro antes de echar un vistazo a su baraja para familiarizarse con los nombres básicos de cada una de las cartas. Elige una baraja con las setenta y ocho cartas estándar, que se reconocen al instante por los nombres del libro. Ocasionalmente, las barajas utilizan nombres oscuros para las cartas individuales, o introducen conceptos complejos como la astrología o la mitología egipcia, así que tenlo en cuenta mientras las examinas.

Una vez que te hagas más experto, puede que encuentres otra baraja que funcione mejor. Yo, a menudo, trabajo con dos o más barajas diferentes al mismo tiempo, porque si un cliente elige la misma carta de más de una baraja, puedes estar seguro de que eso es algo importante.

Si es posible, compra barajas del tarot en una tienda o librería Nueva Era donde haya diferentes barajas que puedas ver y manejar. Si compras por Internet, elige un sitio en el que puedas ver tanto las cartas menores como las mayores, o busca en Internet sitios en los que se describan detalladamente los conjuntos de cartas individuales y se ilustren las principales que están presentes en el sitio.

Cuando llegues a casa, saca las cartas de la caja, coloca la baraja boca abajo sobre la mesa y pasa la mano por encima como si estuviera echando humo, con la palma plana y mirando hacia abajo. Pasea la mano por encima de las cartas y alrededor de ellas, unos dos centímetros por encima de la baraja, y di: «Pido a los ángeles sabios que me guíen siempre para usar esta baraja para el mayor bien de los demás y con sabiduría y compasión».

Puedes hacer esto antes de una lectura, si tienes prisa, y puedes refrescar las energías después de una lectura, de la misma manera. También he proporcionado una dedicatoria más larga y una potenciación al final de esta introducción.

TU PRIMERA LECTURA

He aquí algunas cosas que debes tener en cuenta al hacer tu primera lectura.

Haz una pregunta importante, luego baraja o mezcla la baraja boca abajo y vuelve a colocar las cartas boca abajo en un solo montón, de modo que no puedas ver los dibujos. Sostén la baraja en la mano que te resulte más cómoda y, sin pensar, deja que tu mano seleccione una, dos o tres cartas —según te parezca conveniente— y coloca cada una de estas cartas en una fila de izquierda a derecha o en una columna de arriba abajo.

Si lo prefieres, coloca las cartas en un círculo, boca abajo, y deja que tu mano (de nuevo, la que te parezca más adecuada), desde unos dos centímetros por encima de la baraja, se acerque al número correcto de cartas. En conjunto, parece más natural elegir las cartas con la mano con la que escribes. En este libro he sugerido una serie de formas específicas de distribuir las cartas que elijas, pero, para cuestiones vitales más generales o una revisión de la vida, puede que te resulte útil no asignar significados de posiciones fijas, sino permitir que las cartas construyan por ellas mismas una historia, una a una, (más adelante hablaremos de ello). Para esta primera lectura, si utilizas tres cartas, déjalas boca abajo y elige una que sientas instintivamente que es la clave.

Da la vuelta a la primera carta y mírala, sin intentar analizarla ni encajarla en la pregunta que has formulado, sino tan solo limitándote a memorizar los detalles de la carta. Ahora deja la carta, cierra los ojos y obsérvala en tu mente como si estuviera en una pantalla azul o blanca, aprovechando así tu visión clarividente. Si no puedes ver la carta en tu mente, abre los ojos y vuelve a mirar la carta, hasta que puedas imaginarte todos los detalles, y luego cierra los ojos y deja que la carta tome forma en tu mente.

En esta fase deja que la carta interior se vuelva tridimensional y déjate llevar, o entra en lo que se te muestra, dejando de lado todo lo demás. Disfruta de la sensación, pero no fuerces nada, y permite que surja una historia o una idea. Abre los ojos de nuevo, coge un bolígrafo, y deja que tu mano escriba palabras o incluso garabatee imágenes de forma totalmente espontánea. No leas lo que has escrito hasta que hayas terminado de elegir, memorizar y escribir sobre todas las cartas. Lee lo que has escrito y descubrirás que has respondido a la pregunta. Podrías llevar un diario especial de tarot para tus descubrimientos.

Tu carta del tarot diaria

Las lecturas de cartas que te haces para ti mismo te ayudan a controlar tu trayectoria vital y a anticiparte a las oportunidades y a los escollos antes que la mayoría.

Cada mañana elige una carta del mazo boca abajo (baraja las cartas si así lo deseas). Observa la imagen de la misma y esta te dará pistas sobre el día que tienes por delante, así como sobre estrategias útiles. Anótalo en un diario, y cualquier cosa que te venga a la mente inmediatamente como, por ejemplo, imágenes, palabras o impresiones y sentimientos. Si la misma carta aparece durante varios días o en un día concreto de la semana, sabrás que representa un asunto que hay que resolver o al que dar la máxima prioridad.

Por ejemplo, si eliges El Carro con el joven auriga dirigiendo sus dos caballos, sabrás que es un día para la acción y el cambio. Como está controlando la dirección del carro, tal vez ha llegado el momento de que te hagas cargo de una situación o cambies de dirección y despliegues tus alas.

Cómo potenciar tus cartas del tarot

En lugar de guardar las cartas en la caja, cómprate una cartera grande de tela o una bolsa con cordón. Algunos profesionales envuelven el mazo en seda blanca o algún tejido natural dentro de la bolsa.

Si lees con buenas intenciones, solo saldrá algo bueno de tus lecturas y esto, en sí mismo, ofrece una protección añadida.

Hay dos ángeles que están dedicados a los clarividentes, Raziel y Nithaiah, y puedes invocarlos para que te protejan antes de hacer una lectura, así como después de la misma, y mientras aprendes, pídeles que te bendigan y protejan tu trabajo con el tarot, y te mantengan a salvo de todo daño.

Raziel, arcángel del trabajo espiritual, tiene túnicas flotantes con destellos de color verde intenso en su aureola.

El plateado Nithaiah es el ángel de los poetas y de la profecía, y porta un pergamino de plata.

Enciende dos velas blancas, una al lado de la otra, la más grande por Raziel y la más pequeña por Nithaiah (enciende la más pequeña con la más grande), y di: «Pido al sabio Raziel y al generoso Nithaiah que hagan de mis cartas, en todo momento, un instrumento de sabiduría y compasión. Pido que me guíen siempre para usar esta baraja para el mayor bien de los demás y alejen de mí, y de aquellos para quienes hago la lectura, todo daño, malicia y oscuridad».

Coloca las cartas en círculo en el sentido de las agujas del reloj, en el orden en que salen de forma natural, con las imágenes hacia arriba, y deja que la luz las ilumine.

Deja que las velas se consuman.

Antes de llevar a cabo una lectura, enciende las dos velas, sopla suavemente tres veces en cada llama y, después de soplar, pide a Raziel, tras soplar en la primera vela más grande, y a Nithaiah, en la otra, que te bendigan y te protejan a ti y a cualquier persona para la que estés leyendo, y deja las velas sobre una mesa auxiliar.

Después de la lectura, agradece a los dos ángeles su protección y sopla las dos velas, enviando la luz a quien la necesite (sin olvidarte de ti mismo).

También puedes dejar las cartas del montón boca abajo, desparramadas, la noche que sea de luna llena, en el alféizar de una ventana interior, para llenarlas de poder.

En el primer capítulo vamos a empezar a aprender los significados de las cartas y los diseños simples. Pero recuerda que, en esencia, la introducción en realidad te enseña todo lo que necesitas saber para realizar lecturas intuitivas. Muchos excelentes echadores del tarot trabajan instintivamente sin aprender ningún significado establecido, añadiendo y dando la vuelta a tantas cartas como consideren necesarias e interpretando las imágenes.

LAS DOCE PRIMERAS CARTAS DE LOS VEINTIDÓS ARCANOS MAYORES

U N PAQUETE DE TAROT ESTÁNDAR TIENE VEINTIDÓS ARCANOS mayores (Arcano significa «sabiduría oculta», como descubrirás al realizar tus tiradas).

LLEVAR UN DIARIO DE TAROT

Una sugerencia que te hago es que, cuando comiences a practicar el tarot, crees un diario que te permita centrar tus pensamientos.

Utiliza un libro de tapa lisa o encuadernado en piel, de los que son como una carpeta, para que puedas añadir o quitar páginas. A medida que vayas escribiendo en ese libro, ahí se irá reflejando el desarrollo de tu viaje tarotístico.

Comienza con una página para cada carta. Antes de leer el significado de cada carta, tal y como se describe en las páginas siguientes, sostén la carta en la mano con la que no escribes y observa la imagen. Escribe en tu diario lo que sientes instintivamente sobre tal carta, y también las ideas que te sugiere. Puede que te sorprenda lo cerca que estás del significado convencional, cuando leas sobre este más tarde.

Si una carta te interesa especialmente, crea su historia: por qué y dónde; por ejemplo, sobre el niño que montaba su caballo blanco en la carta del Sol y quién era. Añade los significados básicos de las cartas cada vez que aparezcan en una lectura y obtendrás así una nueva perspectiva. Anota también las lecturas especiales, con sus fechas, para poder seguir el desarrollo de las predicciones en tu propia vida o en la de las personas para las que lees.

Dibuja las nuevas tiradas que aprendas y cómo las has adaptado, con los significados de las distintas posiciones, y hazlo hasta que te encajen, si no te parecen del todo bien.

Consigna tu carta del día para poder detectar secuencias y patrones; por ejemplo, si una carta concreta aparece con regularidad un día determinado, cuando te visita un familiar difícil o tienes que cubrir un turno que no te satisface.

LOS ARCANOS MAYORES

Verás que los arcanos Mayores están numerados del cero al veintiuno o del uno al veintidós. El orden de las cartas será el mismo, independientemente de la baraja que utilices, con la excepción de La Fuerza y La Justicia, que son intercambiables en los números ocho y once.

El Loco, la carta de la Intuición

El Loco es la carta definitiva del nuevo comienzo e informa de que todo es posible.

El Loco representa un cambio interior, normalmente como respuesta a una oportunidad inesperada o a un deseo de encontrar o redescubrir la propia identidad.

Si esa oportunidad inesperada aún no ha aparecido, lo hará muy pronto. En lugar de decir: «No podría», El Loco afirma: «¿Qué te lo impide?».

Confía en tu intuición, da ese salto a la oscuridad y, hagas lo que hagas, no mires hacia abajo mientras saltas.

El Loco habla de animarse, de ser espontáneo, de hacer una excursión fruto de un arrebato o de volver a pintar de amarillo el salón.

El único inconveniente del Loco es que actúa de forma impulsiva e inmadura.

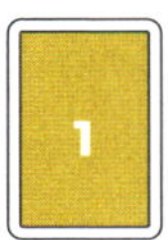

El Mago o Malabarista, la carta de Hacer que las cosas sucedan

El Mago simboliza la creatividad, el ingenio y la capacidad, y la necesidad de pensar con originalidad.

Esta carta es un buen augurio para cuando quieres crear o dirigir tu propio negocio, especialmente en un campo creativo. Ahora es el momento y la oportunidad de poner en marcha planes, y probar tus creaciones en el mercado, aunque partas de unos comienzos modestos.

El Mago puede indicar una personalidad poderosa y carismática que te abrirá puertas. Puede que te sientas atraído por esa persona y disfrutes con ella de una relación apasionada y cargada de emociones.

El Mago indica que estás en un buen momento para la especulación y las inversiones, la creación de redes de contactos, los medios de comunicación y las entrevistas de todo tipo. Cualquier forma de comunicación se ve favorecida, ya sea hecha en persona, por escrito o por correo electrónico o teléfono. Pide y tus peticiones se verán satisfechas.

El único inconveniente es que te puedes topar con algún que otro estafador o Mago ilusionista.

2 La Suma Sacerdotisa o Papisa, la carta de Sigue tu propio camino

Se trata de tu verdadero yo, tengas la edad que tengas.

La Suma Sacerdotisa es la hermana y alter ego de la maternal y cariñosísima Emperatriz. Nos invita a que nos preguntemos qué es lo que realmente queremos de nuestras vidas y que, aunque mantengamos una relación estrecha o cuidemos de una familia, dediquemos tiempo a períodos de tranquilidad para volver a conectar con nuestro yo interior y nuestros sueños privados.

Estar solo no es lo mismo que sentirse solo, así que aprende a valorar tus propias metas. Tienes poderes curativos.

La Suma Sacerdotisa puede aparecer cuando circulan muchos chismes o mezquindades en tu círculo inmediato de trabajo o del hogar y la carta dice que tú debes estar por encima de ello. No caigas en la tentación de tomar partido o actuar como pacificador, pero asegúrate de no revelar confidencias, ni siquiera por los mejores motivos.

El inconveniente está en que puedes tomarte la vida demasiado en serio y no tolerar las debilidades de los demás.

3 | La Emperatriz, la carta del Cuidado de los demás

La Emperatriz es la carta de la Madre Tierra. Para hombres y mujeres en edad fértil, es la carta del embarazo y el nacimiento por excelencia, en tu caso o en el de tu pareja, sobre todo si te preocupa la fertilidad.

Tú eres fundamental para la felicidad y el bienestar de los demás, en lo que respecta a la familia y los amigos, y puedes desempeñarte con éxito en una carrera en la que haya que preocuparse por los demás. Promete la fructificación de proyectos, y también alegría familiar.

EN EL MUNDO COTIDIANO

Alguien cercano a ti precisa de más cariño y puede que necesites reunir a la familia. Pasar tiempo con tu propia madre o abuela sería algo fructífero, especialmente si ha habido cierta frialdad de por medio.

Su inconveniente reside en el riesgo de llegar a convertirse en mártir o a implicarse demasiado en la vida de los demás, y también en ser posesivo o vivir a través de ellos.

4 | El Emperador, la Carta del Poder y los Logros

El Emperador es la carta de la paternidad, la determinación y el éxito terrenal. Representa el papel del padre y de la autoridad. Tanto para las mujeres como para los hombres, puede representar a un pariente mayor que ejerce influencia sobre ellos, una pareja amorosa poderosa y con mucho éxito (o con potencial para ello, si es alguien joven), o una figura de autoridad de cualquier sexo que esté estrechamente relacionada con tu entorno.

Para ambos sexos, el mensaje reside en que puedes conseguir un ascenso o alcanzar tus objetivos si no te contienes y actúas con más asertividad de lo habitual.

Puede que necesites ser más enérgico de lo habitual, para evitar que te pasen por alto o que no te otorguen el crédito debido, y deberías hacer un esfuerzo en el sentido de «o todo o nada». Puede que necesites pasar más tiempo con un padre, abuelo o pariente masculino mayor, o, si tienes hijos, deberías involucrarte en algún aspecto de su comportamiento.

El inconveniente que tiene El Emperador es que puede ser muy crítico y difícil de complacer. No debes dejarte intimidar, ya sea por tu pareja, un pariente de cualquier sexo o un jefe.

El Hierofante o Papa, o Sumo Sacerdote la Carta del Camino Tradicional

El Hierofante es hermano y alter ego del Emperador, y es fuente de sabiduría, conocimiento espiritual y tradicional, así como de experiencia, más que de autoridad y éxito material.

Si estás considerando el llevar a cabo un curso de estudio o formación que pueda parecer largo y difícil, esto te llevará a desempeñar una carrera o a llevar un estilo de vida más satisfactorios. También favorece el aprendizaje y la práctica de la enseñanza, la espiritualidad o el desarrollo psíquico.

En cuanto a persona en tu vida, juega el papel un sabio maestro o consejero, ya sea un amigo, un familiar o un confidente espiritual o profesional, y puede indicar amor con una persona centrada espiritualmente.

El Hierofante nos advierte que no debemos tomar un atajo ni buscar una solución rápida, sino que, de momento, debemos rellenar los formularios, estudiar la letra pequeña y seguir los cauces oficiales.

No dejes que los fracasos del pasado te impidan creer en ti mismo.

En el lado negativo, puede ser corto de miras y prejuicioso. El Hierofante interior representa viejas voces censoras del pasado: es el guardia de tráfico de nuestra cabeza, que nos hace ser demasiado precavidos.

6 Los Enamorados o Amantes, la Carta del amor y las relaciones

La carta de Los Enamorados trata sobre el amor y puede indicar la existencia de un alma gemela, si estás en una relación comprometida o has conocido a alguien al que sientes especial y fuese como si le conocieras de toda la vida.

Es una garantía de que el amor en una relación existente será real y duradero.

La carta puede indicar tener que elegir entre dos personas a las que amas y la respuesta es elegir a la persona que conmueva tu corazón, aunque eso signifique abandonar la seguridad.

Si no tienes pareja, pronto llegará el amor.

La carta de Los Enamorados aparece cuando una relación necesita una aportación o un poco de atención extra, o si ocurre que habéis llegado a un punto de cambio y necesitáis reavivar la conexión y explorar juntos nuevas direcciones. También puede indicar que estáis preparados para la siguiente etapa de una relación, ya sea el compromiso o la consumación del amor.

El inconveniente está en la tentación de desechar el amor constante a cambio de unas horas de excitación o una aventura desenfrenada.

7 El Carro, la carta de Elige tu propio camino

El Carro es la carta de la acción que indica cambio y emoción. Cualquiera que sea tu edad o la etapa de la vida en la que estés, esta es una carta de triunfo y de seguir adelante, ya sea mudándote de casa, viajando, o haciendo un cambio de vida mayor o menor en tu carrera profesional y el estilo de vida, o tal vez incluso tomando unas vacaciones más aventureras de lo habitual.

La clave de esta carta está en quién dirige El Carro —y por tanto determina la dirección— y, para ser verdaderamente feliz, debes ser tú, por mucho que quieras complacer a los demás.

EN EL MUNDO COTIDIANO

Despeja el desorden de tu vida, los malos hábitos, las actividades superadas, incluso las personas, centrándote en la forma física y la salud, y haciendo cosas que siempre has pospuesto para más adelante. También puede ser el preludio de un viaje inesperado.

Aunque la carta indica una buena suerte inesperada, al final tú creas tu propia fortuna, así que utiliza tanto los golpes de suerte como los reveses para dar forma a tu destino futuro.

Puedes beneficiarte de un golpe de suerte que implique arriesgar la seguridad temporal. Arriésgate.

La Rueda de la Fortuna indica que se está en un buen momento para participar en un concurso o hacer una pequeña apuesta en la lotería. Puedes obtener un dinero inesperado, o puede llegarte la oportunidad de un trabajo extra a corto plazo relacionado con un interés o talento, lo que te reportará buenos beneficios.

El único inconveniente de La Rueda estará en que esperes la oportunidad perfecta o las circunstancias ideales para lanzarte a la vida.

(o 8) La Justicia, la carta de Obtener todo aquello que te pertenece

La carta de La Justicia está relacionada con la equidad en la vida y a menudo aparece cuando uno se ve envuelto en un asunto legal, una cuestión de indemnizaciones, o tal vez un divorcio o una disputa con un organismo oficial, como pueden ser Hacienda o un departamento de educación. La Justicia te anima a que persistas; no te dejes intimidar por los que parecen poder más que tú y vencerás.

La Justicia también puede aparecer cuando estais siendo explotados por familiares, o sufriendo de intimidación por parte de los vecinos o de un jefe, o hacer más trabajo del que te corresponde por culpa de compañeros perezosos, deshonestos o incompetentes. Guarda anotaciones y fechas y, si te ves metido en una disputa laboral, recurre a través de los canales oficiales de reclamación. Podría ser que algún trato, oferta o persona que esté colaborando contigo en tu trabajo o en tus asuntos financieros sea un corrupto; probablemente ya lo intuías de todos modos.

Es posible que tengas que sopesar las dos caras de la moneda antes de tomar una decisión; además, debes ser imparcial y no tener favoritos en la familia ni ponerte del lado de un amigo en detrimento de otro.

El aspecto negativo de La Justicia está en el riesgo de aferrarse a injusticias pasadas que no pueden resolverse.

12 El Ahorcado, o El Colgado la carta de la Liberación

A pesar de su nombre, un tanto espeluznante, el Ahorcado habla de liberarnos de los miedos y de todas las restricciones que nos impiden entregarnos de todo corazón a la vida... o al amor.

EN EL MUNDO COTIDIANO

Deja ir las relaciones destructivas, carreras profesionales agotadoras y vampiros emocionales, cuando sientas que no puedes sobrevivir sin ellos o son responsables de tu bienestar. Si estás luchando por dejar malos hábitos, fobias o adicciones, tómatelo como una labor día a día y serás libre antes de lo que crees.

La única desventaja del Ahorcado está en que puede que te sacrifiques a ti mismo por una causa indigna, o sigas dando una oportunidad tras otra a una persona poco fiable o indigna.

UNA LECTURA DE TRES O CUATRO CARTAS UTILIZANDO LOS DOCE PRIMEROS ARCANOS MAYORES: CONSEGUIR QUE SE EXTIENDAN LOS CAMBIOS

Esta es una excelente tirada básica, que puedes hacer con toda la baraja de setenta y ocho cartas o con todos los Arcanos Mayores. Pero, por ahora, vamos a utilizar las doce primeras cartas.

Formula una pregunta sobre un cambio que necesites o desees realizar. Esto puede revelar factores escondidos inesperados y que afectan a las acciones.

Coge las doce primeras cartas, barájalas o mézclalas y devuélvelas al montón boca abajo, o colócalas en un círculo boca abajo.

Deja que tu mano te guíe hasta la primera carta, para revelar lo que tienes que abandonar o cambiar. Coloca dicha carta en el extremo izquierdo, en la Posición de Revelar Cambio, pero no le des la vuelta todavía.

Elige una segunda carta y colócala en la posición de Revelar la Acción para representar la acción que debes realizar ahora, o los elementos útiles que harán avanzar el asunto. De nuevo, no le des la vuelta.

Por último, selecciona una tercera carta y colócala en la posición de Posible Resultado, que sirve para indicar el resultado más probable de la acción o influencia sugerida. No le des la vuelta.

Ahora, da la vuelta a las cartas de una en una, de izquierda a derecha, y empieza a leer.

No fuerces nada y, en caso de duda sobre el significado, coge cada carta, observa lo que muestra y deja que las palabras y las imágenes, así como las impresiones, acudan de manera espontánea a tu mente. A medida que leas las cartas siguientes, será como si se desarrollara una historia.

Si el asunto no está claro, escoge una cuarta carta de resolución y esto unirá los mensajes, sobre todo los de la posible Acción y el Resultado.

Te darás cuenta de cuáles son los factores que no habías tenido en cuenta, a veces desde años atrás, enturbian el presente y el futuro.

Una lectura de un caso real

Esta fue una lectura en la que aparecieron cuatro de las doce primeras cartas de una lectura completa de Arcanos Mayores en la tirada de Conseguir que se Extiendan los Cambios.

LA HISTORIA DE ANNA

Anna tiene veinte años y comparte piso con su mejor amiga, Lizzie. El novio de Anna, Steve, acude a quedarse todos los fines de semana con ella y Anna se ve obligada a ir de un lado para otro y limpiar antes de que él llegue, ya que Lizzie deja que la casa se convierta en una pocilga. Además, Steve siempre llega con una botella de vino, pero Anna acaba comprando toda la comida para los tres, tal como hace a menudo durante la semana, porque Lizzie siempre está sin blanca (aunque tiene un buen trabajo). Cuando salen a comer fuera, Anna paga y Lizzie invariablemente se une a la pareja sin que nadie la invite.

Pero cuando Anna sugiere medio en broma que los demás contribuyan a una cena especialmente cara cuando Lizzie y Steve eligieron absolutamente todo del menú a la carta, Lizzie se limita a reírse y a decir a Steve que Anna es una agarrada con el dinero.

El padre de Anna se marchó de casa para vivir con otra mujer cuando Anna era pequeña, y una de las discusiones que Anna puede recordar era que su padre acusaba constantemente a su madre de darle la lata con el dinero y de estropearlo todo. La pregunta de Anna fue: «¿Estoy siendo una agarrada?».

CARTA UNO: La Emperatriz para la posición de Revelar el Cambio: La carta de La Emperatriz refuerza el papel de madre que Anna se está viendo obligada a asumir, forzada por personas bastante capaces de cuidarse y pagar lo suyo, pero el cambio que busca es un poco más complejo. Porque, ¿de verdad Anna quiere cambiar este patrón de dependencia?, y si no es así, ¿por qué no quiere?

Anna se dio cuenta, mientras hablábamos, de que estaba exteriorizando las acusaciones de su padre contra su madre (en realidad, no eran ciertas, ya que su padre era un jugador y nunca les llegaba el dinero y, cuando llegaba borracho a casa, lo tiraba todo al suelo y a menudo se ponía enfermo).

Así que Anna no tiene que cambiar su comportamiento, sino su percepción de la situación actual a través de los ojos del pasado.

CARTA DOS: Revelar la Acción: El Carro dice que es claramente el momento de un cambio y que Anna debe iniciar los cambios que desea y dirigir El Carro. ¿Cómo? Se da cuenta de que, en caso de acudir al apartamento de su novio, que estaba en la otra punta de la ciudad, durante el fin de semana su novio y ella podrán salir a comer sin que Lizzie vaya a remolque de los dos, que es algo que también irrita a Anna, porque Lizzie coquetea con Steve. De este modo, Anna se libraría de la carga y los gastos de la comida para tres, así como de la necesidad de limpiar antes de la llegada de Steve.

Además, Anna tiene que decidir si deja de limpiar el desorden de su compañera de piso y la ignora, o toma medidas, como, por ejemplo, negarse a cocinar para ella.

CARTA TRES: El Posible Resultado: La carta de Los Enamorados se refiere no solo a la relación de Anna con su novio, sino también con su compañera de piso. Reproduciendo una antigua relación y tratando desesperadamente de no repetir lo que ella consideraba errores de su madre, Anna no contempla a Steve y Lizzie tal como son, o su comportamiento egoísta tal como en realidad es. Steve puede estar siendo simplemente desconsiderado, pues hasta hace muy poco vivía en casa de su madre, y Anna podrá descubrir que cuando intente llevar a cabo cambios, Steve puede seguirle la corriente.

Cuando Anna observe a su compañera de piso al margen de la situación, y no la vea como alguien a quien tiene que «cuidar como una madre», se dará cuenta de que, en realidad, ya no desea convivir con ella; o que, al menos puede serle lo suficientemente indiferente como para rebatir la injusta acusación de mezquindad que recibe por parte de Lizzie, y hacerlo mediante algunas puyas justificadas.

Y lo que es más importante, podrá tratar así a su novio sin interferencias, para decidir si de verdad es el adecuado para ella.

Como quería más aclaraciones, Anna eligió una cuarta carta, que era Justicia.

Como la carta de La Justicia puede referirse a divorcios, y su padre abandonó a su madre, la carta de la Resolución saca a relucir los temores no reconocidos de Anna de que, si monta un escándalo, Steve la abandonará igual que su padre abandonó a su madre. Llegando más al fondo, Anna me confesó que se sentía responsable de la infelicidad de sus padres. No es lógico, pero resulta de lo más comprensible. Así que Anna intenta, en su vida adulta, compensar una culpa que asumió en la infancia.

No solo las madres acaban sirviendo a los demás, y me he encontrado con muchos casos similares al de Anna, en los que una joven perfectamente competente y con éxito se siente incapaz de hacerse valer en el ámbito de las relaciones personales.

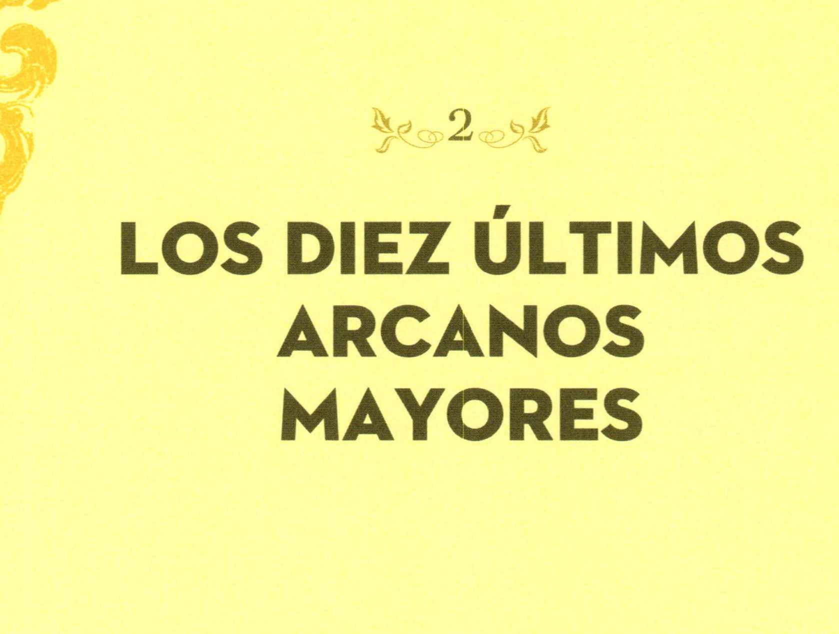

LOS DIEZ ÚLTIMOS ARCANOS MAYORES

BSERVA CADA CARTA ANTES DE ESTUDIAR SU significado y escribe en tu diario lo que ves, oyes y sientes.

Recuerda que todas las cartas tienen significados positivos y negativos, según cómo encajen con las demás en una tirada y, lo que es más importante, según lo que tú sientas.

13 La Muerte, la carta del Cambio natural

El hecho de que aparezca la carta de La Muerte de ninguna manera significa que tú o alguien cercano a ti vayáis a morir.

La carta de La Muerte suele representar una puerta que tienes que cerrar en una situación o relación que te impide encontrar la felicidad, lo que será una pérdida que será dolorosa, pero que te liberará. Si no cierras esa puerta, los nuevos comienzos no llegarán a producirse.

A veces, es el momento de decir «no», de una vez por todas, a familiares, compañeros de trabajo o a un jefe que te presiona para que hagas algo a lo que te resistes. También puede ocurrir si te sientes triste por llegar a un final y tienes miedo de quedarte solo. No te precipites a la siguiente etapa o relación hasta que no estés preparado.

El único aspecto negativo de esta carta es que, si te sientes demasiado culpable preguntándote cómo se las arreglará la persona o el lugar de trabajo que necesitas abandonar, entonces no podrás seguir adelante.

14. La Templanza, la carta de Encontrar el equilibrio

La Templanza es el hada buena de la baraja, la carta del equilibrio y la armonía, tanto en tu interior como a tu alrededor.

En cuanto a la salud, se refiere a la recuperación o la continuación de la buena salud; cualquier tratamiento médico o curación te traerá mejores resultados de lo esperado. En cualquier situación, mantén un término medio y evita los excesos. La pacificación y la negociación en una situación laboral o en una reunión familiar son el camino a seguir.

La Templanza es también la carta de la aceptación de lo que no se puede cambiar y de dejar ir los viejos resentimientos.

EN EL MUNDO COTIDIANO

Es buena para abordar temas sensibles o delicados, así como para comunicarse con personas difíciles o entre generaciones, y también para hacer dieta o abandonar cualquier adicción o exceso, aunque se haya fracasado en el pasado.

No caigas en la tentación de actuar como mensajero de malas noticias ni te dejes tentar por la mala conducta de otros.

El lado negativo de La Templanza reside en tratar de mantener la paz a toda costa. Eso puede conllevar un precio muy alto, especialmente en términos de tu propia tranquilidad.

15 El Diablo, la carta de la Olla a presión

Esta carta no tiene nada que ver con la magia negra o el mal, sino que habla de todo el poder que tienes acumulado y que ahora mismo no estás utilizando, o habla de resentimientos justificables que no has expresado y que se están acumulando en tu interior. Necesitas poner límites a lo que vas a tolerar.

EN EL MUNDO COTIDIANO

Si la gente está siendo injusta o poco razonable ahora mismo contigo, en cualquier aspecto de tu vida, dilo. Estarás liberando energía reprimida en tu vida (mala para tu salud y bienestar), que, de momento, estás utilizando para tapar las reacciones justificadas ante un trato injusto.

El único aspecto negativo del Diablo es que, si esperas demasiado para liberar la presión, puedes acabar enfadándote con la persona equivocada o deprimiéndote.

16 La Torre de la Liberación, la carta de Reconstrucción mejor que antes

La Torre, tradicionalmente llamada la Torre Herida por el Rayo, es en realidad un signo de liberación de las restricciones en tu vida. Se refiere a un suceso que está ocurriendo en el momento de la lectura o a un acontecimiento que sabes que es necesario que se produzca para eliminar el estancamiento, la inercia y las restricciones.

La carta puede representar la eliminación de obstáculos reales en tu camino, que te han estado impidiendo desarrollar tu potencial o alcanzar la felicidad. Sí, es cierto que habrá trastornos, pero te proporcionarán un futuro mucho más abierto y satisfactorio, e incluso un nuevo estilo de vida.

EN EL MUNDO COTIDIANO

La Torre puede indicar un problema de liquidez o de deudas que podrá aliviarse sin mucha demora a una oportunidad inesperada que se te presentará de ganar algo de dinero o de liberar recursos; si te has sentido atrapado por tu situación laboral o has estado encerrado en casa o atrapado en una mala relación, se producirá un giro de la situación importante, sobre todo si buscas el apoyo que necesitas.

El único aspecto negativo de la Torre está en no aprender de los errores y construir una torre idéntica en otro lugar, y preguntarse luego por qué se vuelve a caer.

17 La Estrella, la carta de La Llegada de los sueños realistas

Sea cual sea tu sueño, por improbable que sea, puede hacerse realidad si trabajas para conseguirlo y tal vez de formas que superen tu imaginación, porque esta es la carta de la fama y también de la fortuna.

Ha llegado el momento de alcanzar tus sueños, tal vez no expresados o incluso reconocidos, que transformarán tu vida y le darán sentido.

La Estrella, al igual que La Rueda de la Fortuna, también es una carta de buena suerte e indica que la marea de la fortuna está cambiando a tu favor.

EN EL MUNDO COTIDIANO

Puede que de repente te encuentres en el candelero y brilles, así que has de tener confianza. Es un buen momento para participar en concursos o juegos de azar; también puedes conseguir un nuevo amigo o admirador secreto, o experimentar un renacimiento en tu vida social.

El único aspecto negativo de La Estrella está en si tu idea de perfección es tan elevada que nunca te consideras lo bastante bueno como para poner a prueba tus talentos ante el resto del mundo.

18 La Luna, la carta del Paso a la siguiente fase de tu vida

La Luna te advierte de que tengas cuidado con la opción fácil, con el atajo. Ya se trate de una aventura financiera o romántica, esta puede acarrear consecuencias nefastas; desconfía de las ilusiones y de las personas que prometen la Luna, pero están atrapadas en su propio mundo de fantasía. Sin embargo, para las mujeres, la Luna anuncia un paso natural a la siguiente fase de su vida y favorece todos los asuntos relacionados con los niños y los animales, las empresas imaginativas, la medicina alternativa, la espiritualidad o la clarividencia.

La Luna es otra excelente carta de fertilidad, especialmente si ha habido dificultades en tal sentido.

EN EL MUNDO COTIDIANO

Es posible que todos los reyes del drama de este mundo descarguen sus emociones sobre ti y que la presión emocional te venga de todas partes. Sé amable contigo mismo y no cedas al chantaje emocional.

Lo malo de La luna es que puedas pasar tanto tiempo soñando que nunca hagas que ocurra nada en tu día a día.

19 El Sol, la carta del Éxito

El Sol promete felicidad, realización y éxito en los términos del mundo. Habla de alcanzar ambiciones y ganar dinero, pero también de encontrar lo que te hace verdaderamente feliz. No te preocupes por el futuro, aprovecha el momento y ve a por lo que quieres.

La carta del Sol también habla de talentos emergentes no explotados o no desarrollados, sea cual sea tu edad o la etapa de la vida en la que estés, e informa de que puedes convertir aficiones en una carrera nueva y lucrativa, y abrirte puertas antes cerradas.

Las preocupaciones por la salud se calmarán y surgirán nuevas fuentes de financiación. Pueden presentarse vacaciones o el trabajo en lugares soleados, o puede que tengas la oportunidad de trabajar con un socio o amigo cercano en una empresa rentable y de alto perfil, en un futuro no muy lejano.

La única desventaja que tiene el Sol es el exceso de trabajo, que excluye a los seres queridos y el ocio, y lleva a veces incluso el agotamiento.

20 El Juicio, la carta del Renacimiento y la Regeneración

El Juicio se centra en hacer tu propia evaluación sobre una persona o una situación, si las opiniones contradictorias o las personas que juzgan están haciendo que dudes de ti mismo, normalmente porque tienen interés en retener el control.

Puede aparecer cuando una línea de actuación no ha funcionado y hay que volver a empezar de una nueva manera o en un nuevo entorno. Resuelve lo que sea posible y desentiéndete del resto, ya sean viejas culpas o críticas injustas de los demás respecto a tu vida.

No tomes lo que te han contado como un hecho cierto, sobre todo si la fuente ha sido un chisme o un rumor. Un asunto legal u oficial, una entrevista o una próxima prueba o examen se resolverán a tu favor. Puede que otros intenten robarte tus ideas, así que asegúrate de que se te reconoce el mérito.

El inconveniente del Juicio reside en caer en manos de quienes tienen favoritos; al margen de los manidos juegos de poder y renuncia a intentar agradar.

El Mundo,
la carta de los deseos cumplidos

El Mundo es la carta de que todo es posible y de la expansión en todos los sentidos, ya sea en los negocios, o explorando nuevos intereses y grupos sociales. Los viajes te serán especialmente afortunados, sobre todo los de larga distancia, o tal vez harás una mudanza a largo plazo y de larga distancia. Puede que tengas que trasladarte o buscar más lejos la oportunidad ideal.

EN EL MUNDO COTIDIANO

Todo llega a buen puerto. El Mundo te sugiere una inesperada oportunidad de viajar o, si te dedicas a los negocios, de beneficiarte de las conexiones con el extranjero e Internet. Llegan invitaciones y ofertas.

Lo único malo del Mundo es el peligro de vivir los sueños de los demás, abandonando los tuyos, incluso aunque sea por los mejores motivos.

LECTURA DE TRES, SEIS Y NUEVE CARTAS

Puedes utilizar una tirada de tres cartas cuando tengas prisa o una pregunta concreta que responder, una tirada de seis cartas para obtener más detalles o para un asunto más complejo, y una tirada completa de nueve cartas para un asunto que no esté tan claro o que pueda implicar un cambio importante en tu vida. También tienes la opción de añadir una décima carta en la parte superior si la respuesta parece que no ha quedado resuelta.

Empieza con una pregunta, un tema que te preocupe o deja que las cartas desplieguen su mensaje de forma espontánea.

Baraja o mezcla las cartas boca abajo, de la forma que te parezca más adecuada, y divídelas en tres montones boca abajo, más o menos iguales.

Del montón de la izquierda, coge una carta, de cualquier parte del montón, y coloca la carta número uno en la posición uno. Del montón del medio, de la misma manera, coge la carta dos y del tercer montón coge la carta tres.

Continúa con esta secuencia, una pila tras otra, de izquierda a derecha. Si estás haciendo una tirada de seis o nueve cartas, coloca cada carta en orden ascendente en la tirada; para seis cartas, utiliza dos filas, y para nueve cartas, utiliza tres filas, siempre de izquierda a derecha.

De esta forma, tienes donde elegir. Experimenta con ambos métodos para decidir cuál te funciona mejor.

Da la vuelta a todas las cartas, de una en una, de abajo arriba, de izquierda a derecha, y luego léelas todas.

Alternativamente, da la vuelta a las cartas de una en una, de nuevo de abajo a arriba, de izquierda a derecha, según se trate de una lectura de tres, seis o nueve cartas, de modo que la imagen quede a la vista. Lee la imagen de cada carta antes de dar la vuelta a la siguiente.

El método que describo a continuación, y el que mejor me funciona, consiste en dar la vuelta a todas las cartas, antes de leerlas. De ese modo, puedes hacerte una idea general, antes de estudiar las cartas por separado.

¿Qué carta parece ser la clave de la lectura? Comienza leyendo esta carta clave y, a continuación, lee las cartas en el orden en que las repartiste, o elige un orden que te parezca correcto de manera instintiva.

Observa si alguna carta encaja de forma natural (por ejemplo, El Emperador y La Emperatriz) y si los asocias de forma inmediata con alguna persona de tu vida o de la persona para la que haces la tirada. Pide asociaciones a esta última.

Una lectura de la vida real

Ahora verás una lectura real de nueve cartas utilizando los Arcanos Mayores.

LA HISTORIA DE VERÓNICA

Verónica, una mujer tranquila y competente, volvió a trabajar cuando su hija tenía tres meses. Verónica se ha forjado una buena carrera en el mundo del diseño, pero, a los cuarenta y cinco años, se encuentra inesperadamente embarazada y todo el mundo, incluido su marido, piensa que es demasiado mayor para tener otro hijo y que además eso entorpecerá su carrera.

Pero, en los últimos tiempos, Verónica se ha dado cuenta de que no está disfrutando demasiado de una vida de muchas exigencias y que, en realidad, preferiría pasar más tiempo en casa, trabajando como autónoma a tiempo parcial, ya que tiene muchas ideas para proyectos creativos relacionados con los niños y que colmarían un parte de sí misma que perdió al acabar los estudios. En secreto, Verónica está contenta con la llegada del bebé, porque siente que se perdió el nacimiento de su primera hija y lo lamenta. A continuación, se muestran las cartas que Verónica sacó.

CARTA CLAVE: El Diablo (en esta ocasión, está en la posición de carta uno, pero no siempre será así).

CARTA UNO: El Diablo: El embarazo ha hecho aflorar un montón de sentimientos negativos, dudas y remordimientos sobre cómo ha sido la vida de Verónica, y ella es consciente de que se ha perdido muchos de los hitos vitales de su hija. Una vez que Verónica se los exprese a su marido y a su familia, se sentirá mucho mejor, ya que todos suponen que por ser una persona de tanto éxito debe ser feliz con su vida, y Verónica no había sentido que pudiera decir lo contrario, hasta ahora.

CARTA DOS: La Torre: Algunos podrían ver La Torre en el sentido tradicional de la Torre Herida por el Rayo, con el embarazo amenazando la carrera de Verónica. Pero, en realidad, el nuevo bebé es el medio para liberar a Verónica de una vida que cada vez le resulta más restrictiva.

Por lo tanto, es en realidad La Torre de la Liberación. Estar en casa también podría ayudar a Verónica a trabajar de un modo que le resulte más creativo y menos estresante.

CARTA TRES: La Estrella: Esta carta sugiere que Verónica tiene la oportunidad de hacer realidad sus propios sueños, muy realistas, partiendo de donde está y utilizando su experiencia profesional y como madre en sus nuevas creaciones. Por supuesto, no son los sueños que otras personas podrían tener para ella y, desde luego, no son los sueños que tenía hace diez años. Pero ha cumplido una parte de su vida y ahora quiere disfrutar de la maternidad y la creatividad.

CARTA CUATRO: La Muerte: La muerte marca el final de una etapa natural, con el embarazo tardío de Verónica. Si sigue adelante con sus deseos y hace caso omiso de todos los demás, renunciará a mucho materialmente, pero, por otro lado, podrá desarrollar vínculos con su hija actual y tendrá más tiempo para pasar con su marido, si ambos no están constantemente de un lado para otro. El aspecto de los ingresos ya no es un asunto tan vital porque su marido tiene un negocio de éxito.

CARTA CINCO: La Suma Sacerdotisa: Verónica siempre se ha enorgullecido de ser una mujer independiente que se ha abierto su propio camino en el mundo. Pero ella está constantemente estresada por trabajar hasta tarde, tratando de pasar tiempo de calidad con la familia (especialmente con su hija), y hacer malabares con todo. Cuando su hija llamó a la madre de Verónica *mamá*, por error, Verónica sintió que había sacrificado demasiado por su lujoso estilo de vida.

CARTA SEIS: La Emperatriz: Ahora, Verónica puede reclamar el papel de madre tanto para con su hija como para su próximo nuevo bebé y esta es, por supuesto, una carta muy creativa, que promete que el trabajo artístico de diseño para niños de Verónica también dará sus frutos. Verónica se siente emocionada y asustada, por supuesto, pero también viva por primera vez en años.

CARTA SIETE: El Hierofante: El Hierofante y La Emperatriz están relacionados. Verónica se siente culpable porque está considerando dar la espalda al éxito que tanto le ha costado conseguir, y esto no se ha visto favorecido por los mordaces comentarios de algunas compañeras de éxito, que piensan que se está autoexcluyendo.

CARTA OCHO: El Loco: El Loco sugiere que, en última instancia, Verónica debe seguir su propio instinto, no el consejo de otras personas, y que si quiere el bebé debe tenerlo.

CARTA NUEVE: El Mundo: Esta puede parecer una carta extraña a primera vista, para una mujer que está a punto de dejar de trabajar y quedarse en casa, pero en realidad sus horizontes se ampliarán a medida que explore la creatividad y disfrute de la vida familiar. Y, lo que es más importante, como su marido viaja mucho por su trabajo, la familia tendrá muchas oportunidades de viajar juntos y de vivir en el extranjero durante el verano, cuando no hay colegio. Esto permitirá a Verónica reavivar la relación con su marido, que se ha resentido por sus frecuentes ausencias y su frenético ritmo de vida.

Carta del Día

No olvides seguir eligiendo tu carta única del día por la mañana y anótala. Puedes comprobar el significado, pero antes vuelve a preguntarte: «¿Qué me hace sentir esta carta?». Si una persona o situación concreta desencadena la misma carta semana tras semana, prueba con una lectura de tres cartas para ver qué soluciones te ofrece.

EL SIGNIFICADO DE LOS CUATRO PALOS Y LOS CUATRO ASES DEL TAROT

UNA VEZ QUE HAYAS APRENDIDO LOS VEINTIDÓS arcanos mayores, el resto de la baraja del tarot sigue una lógica patrón. Hay dos aspectos a considerar en las siguientes cuarenta cartas: los cuatro palos o clases de cartas y los números del uno o del as al diez. Las figuras, desde las sotas a los reyes, ocupan un capítulo aparte, pero también siguen los significados básicos de los cuatro palos.

Las cartas de palo ofrecen más detalles sobre la influencia de quienes nos rodean en nuestras vidas y el contexto y, a veces, sobre las limitaciones dentro de las que tomamos nuestras decisiones. Como sugerí en la introducción, elige una baraja con cartas de palo ilustradas, ya que las imágenes activan nuestro propio sistema interior de imágenes clarividentes o psíquicas.

LOS PALOS EN DETALLE

A continuación, se describen los cuatro palos: oros o pentáculos; copas o cálices; bastos, bastones, varas; y espadas.

Oros, Pentáculos o Discos. El Palo del Mundo Material; el Enfoque Práctico

Los oros son el palo de la seguridad, la estabilidad y de la organización práctica de nuestra vida cotidiana.

Los oros nos hablan del hogar, la familia, los animales, los asuntos financieros y la propiedad, especialmente de los negocios inmobiliarios y las mudanzas. En general, se trata de mudanzas planificadas y graduales, no de un desarraigo repentino. Los oros también pueden referirse a tratos con funcionarios e instituciones financieras.

Los oros nos aconsejan utilizar el sentido común, comprobar los hechos y las cifras, así como acudir a un enfoque práctico y pragmático de los problemas. Cualquier empresa relacionada con los oros será paso a paso, pero tendrá una base segura y el éxito asegurado a largo plazo.

La paciencia y la persistencia son sus virtudes, en tanto que la reticencia a considerar nuevos enfoques o la tendencia a valorar más las posesiones que las personas son sus defectos.

Copas o Cálices, el Palo de Agua; el Palo del Amor y las Emociones

Las copas o cálices son el palo del amor, la amistad, la fidelidad y todos los asuntos que tienen relación con el medio ambiente, la naturaleza y las estaciones.

Las copas representan a los amantes, desde un amor aún por descubrir hasta parejas y matrimonios de larga duración, así como elecciones en el amor y los aspectos emocionales frente a los prácticos (Oros) de las relaciones familiares. También se relacionan con la armonía personal, la fertilidad, las habilidades psíquicas, la curación alternativa y la reconciliación —o, si las cosas no funcionan—, con alejarse de una relación destructiva o posesiva.

Aconsejan seguir la lógica, y tratar de encontrar la plenitud con y a través de otras personas. La empatía y la simpatía son sus virtudes. Permitir que te sientas presionado emocionalmente, codependiente o excesivamente sentimental son sus defectos.

Bastos, bastones o varas, el Palo de Fuego; el Mundo de la Inspiración y la Creatividad

Los bastos son el palo de la originalidad, la independencia y la individualidad y, sobre todo, del potencial sin explotar. Los bastos hablan de todas las empresas creativas y artísticas, de la potencia masculina, los viajes, el éxito, las mudanzas o traslados espontáneos, la salud, la confianza en uno mismo y la autoestima, la independencia, la fama y la búsqueda y el seguir por un camino único.

Los bastos aconsejan centrarse en las propias necesidades y sueños, desarrollar un talento creativo, tomar la iniciativa en el trabajo o diversificarse con su propio negocio o trabajo por cuenta propia. Prometen alegría y realización personal, y el enfoque de cualquier Basto será dinámico, espontáneo, intuitivo e inventivo e implicará lo inesperado.

La abundancia y la generosidad son sus virtudes; la inconstancia y cierta tendencia a rendirse ante el primer obstáculo, la impaciencia ante la fragilidad humana o el aburrimiento son sus defectos.

Espadas, el Palo de Aire; el Mundo de la Mente y de la Especulación

Las espadas son el palo de la lógica, la concentración, el pensamiento racional, el valor, las carreras profesionales en organizaciones, los exámenes y las pruebas, y el cambio.

Las espadas nos hablan de comunicación clara, de especulación, de todos los asuntos científicos y tecnológicos, así como de medicina convencional, terapia y cirugía, justicia, aprendizaje y leyes. Pueden predominar en una lectura en momentos difíciles de su vida y referirse a personas difíciles.

Las espadas aconsejan usar la mente (no el corazón) y hablar claro. El enfoque de cualquier espada será rápido, valiente y decidido, y puede implicar un cambio perturbador pero necesario.

El aprendizaje y la concentración son sus virtudes; los miedos infundados en tu mente, que te impiden actuar, y también ser excesivamente duro o crítico son su lado negativo.

LOS NÚMEROS

A continuación, se describen los números del uno (o As) al diez.

Los ases, las cartas del Nuevo comienzo

Los ases, o unos, son las cartas más dinámicas de los Arcanos Menores. El uno es el número del innovador y del iniciador.

Estas cartas siempre anuncian nuevas oportunidades, nuevas personas o energías restauradas, buena suerte y salud en el área de la vida indicada por el palo. Sería difícil encontrar un significado negativo para un as. Puedes sentirte optimista, aunque estés atravesando una mala racha, cuando aparecen ases, porque tu suerte está mejorando. Más de un único as, en una lectura general, indica un momento de grandes oportunidades.

Además, los cuatro ases pueden utilizarse independientemente del resto de las cartas numéricas, junto con los Arcanos Mayores, en cualquier lectura completa, para ayudarte a buscar cuál es la mejor manera de abordar las situaciones a las que te enfrentas, según el tipo de as que aparezca. Llamo a los cuatro Ases utilizados de este modo las cartas del Temperamento, porque son la clave del enfoque necesario para que funcione el mensaje de la lectura principal.

Las cartas de Temperamento reflejan el estado de ánimo, que puedes canalizar de la mejor manera posible.

El As de Oros, la carta de las soluciones prácticas

Este es el más estable de los ases. Una nueva oportunidad llegará en tu vida actual y provocará mejoras graduales. Esta carta es buena para todos los proyectos domésticos, renovaciones o mudanzas planeadas, y también para una oportunidad segura, aunque lenta, de poner tus finanzas sobre una base más estable; cualquier nueva empresa o inversión, práctica o financiera, tiene el éxito asegurado a largo plazo.

COMO CARTA DE TEMPERAMENTO

Hay que trabajar duro y la única solución es una acción práctica, iniciada por ti mismo. Tienes el éxito asegurado, pero no hay soluciones rápidas ni atajos. Empieza exactamente donde estás, porque tus ideas tienen bases firmes y, si perseveras, darán resultados tangibles.

El As de Copas, la Carta del corazón

Esta es la carta que indica un nuevo amor y fertilidad. Puede haber un embarazo o un aumento de la familia, tal vez a través del matrimonio o de una relación de pareja.

Puede que encuentres un nuevo amor o que entres en una nueva fase feliz de una relación existente. Este As puede representar el resurgimiento de la confianza o de la valoración de uno mismo tal y como es, y quizás un nuevo amigo o aliado que cobrará importancia con el paso de los meses. Puede llegar una nueva fase pacífica en las relaciones con la familia, y la resolución de un antiguo conflicto. Ocasionalmente, el As de Copas puede significar un amor no correspondido o que debe mantenerse en secreto.

Escucha lo que hay más allá de las palabras de la gente. Intenta averiguar qué sientes por una persona o ante una situación. ¿Te sientes a gusto con las personas involucradas? Sigue tus instintos.

El As de Bastos, la Carta de la Inspiración

Todo es posible, normalmente lo que menos se espera. Sé optimista.

Desea, y tu deseo se hará realidad. Esta carta representa la oportunidad de interesarte por una segunda carrera profesional (o al menos por una afición lucrativa). Retoma una actividad creativa, ya sea la danza, la música, el arte o la interpretación, o quizás una afición que habías abandonado años atrás. Puede que te ofrezcan un ascenso, un traslado o unas vacaciones inesperadas; una recuperación de la salud, del entusiasmo, del poder personal, de la creencia en tus propias capacidades y... con ese poder no puedes fallar.

Piensa con originalidad y da un salto de todo o nada hacia la felicidad, el éxito, la fama o la plenitud.

El As de Espadas, la Carta de Pensar y Luego Actuar con Decisión

Después de un momento difícil o de un contratiempo, rompe con la inercia, las dudas y los miedos; vuelve a empezar y supera cualquier obstáculo. Es el momento de aprender, formarse o reciclarse; de llegar a un acuerdo legal satisfactorio, de resolver una disputa vecinal o laboral, o de obtener un reconocimiento por el esfuerzo realizado en el trabajo; de obtener buenos resultados en procedimientos médicos o quirúrgicos; y de asumir riesgos o jugar al azar.

COMO CARTA DE TEMPERAMENTO

La situación requiere una acción decisiva, pero da un paso atrás, piénsatelo con calma y lógica y, a continuación, prepárate para enfrentarte de manera directa con las personas negativas y a las situaciones poco limpias, de forma tranquila y asertiva, pero sin comprometer tu integridad. La verdad acabará saliendo a la luz.

USANDO TUS CUATRO ASES DE TEMPERAMENTO

Trabajar en esta etapa solo con los cuatro Ases y los Arcanos Mayores ayuda a afinar tus poderes intuitivos para la lectura del tarot.

Mantén los cuatros ases separados de los Arcanos Mayores, en un montón y boca abajo, para barajar por separado cada vez que hagas una lectura de tres o más cartas.

Al igual que antes, elige tres, seis o nueve cartas y colócalas boca abajo en filas de tres, de izquierda a derecha. Da la vuelta a las cartas, de una en una, o todas juntas y construye la historia, de abajo arriba.

Ahora mezcla los cuatro ases boca abajo y coge uno de ellos del montón de ases separados. Dale la vuelta a esa carta y esta te ofrecerá la mejor estrategia a seguir, o te mostrará la energía general de la lectura.

LAS CARTAS MENORES, DE LOS DOSES A LOS CINCOS

EN EL CAPÍTULO ANTERIOR, UTILIZASTE LOS ASES COMO cartas de Temperamento para ofrecerte estrategias sobre cómo proceder con la información que te facilita una tirada.

Las cartas numéricas amplían el significado de cualquiera de los Arcanos Mayores y ofrecen más detalles sobre la influencia de quienes nos rodean en nuestras vidas y el contexto y, a veces, sobre las limitaciones en las que tomamos nuestras decisiones. Además, todas las cartas numéricas, y no solo los ases, ofrecen estrategias para cualquier cambio que queramos hacer en nuestras vidas y sirven para poner de relieve nuestros puntos fuertes y nuestro potencial ocultos.

Cuando se seleccionan como la carta del día que se elige por la mañana, como guía para la jornada que se avecina, las cartas numéricas ponen de manifiesto oportunidades y retos específicos del día siguiente.

I: LOS ASES, LAS CARTAS DEL NUEVO COMIENZO

Lee sobre los ases en el capítulo anterior, centrándote en su aspecto de nuevo comienzo, para recordar su significado.

II: LOS DOSES, LAS CARTAS DE EQUILIBRIO

Los doses representan la integración de dos personas o dos aspectos de la vida y la mejor armonía entre esas dos personas o trayectorias vitales.

El dos es el número del negociador y habla de equilibrar prioridades y, a veces, de la necesidad de hacer más de una cosa a la vez. También se relaciona con las asociaciones, tanto empresariales como afectivas.

El Dos de Oros

El Dos de Oros nos dice que es posible seguir dos caminos a la vez, ya sea el trabajo y el hogar, dos tipos diferentes de trabajo, o un trabajo y una afición que pueden resultar una fuente extra de ingresos.

Sin embargo, ahora mismo, un aspecto de tu vida, o una persona en concreto, tiene prioridad sobre los demás. Esto es algo que puede ser necesario, pero, el intentar mantener el equilibrio entre dos personas o situaciones, puede significar que te sientas en falta de armonía o que no hagas bien ninguna de las dos cosas.

El Dos de Copas

A menudo asociado con el amor de almas gemelas, dos personas o familias que se unen en la reconciliación, la armonía o el amor, el Dos de Copas puede indicar que estás próximo a involucrarte o comprometerte.

También puede referirse a una disputa que se puede arreglar. En cuestiones de un nuevo amor y una nueva relación, o para un amor aún por llegar, el Dos de Copas nos advierte de que la persona adecuada no se encuentra lejos. También es un buen augurio si la pareja, la familia o los amigos íntimos planean colaborar más estrechamente.

El Dos de Bastos

Los doses son cartas inusualmente estáticas para los dinámicos bastos y sugieren que hay o habrá dos opciones de camino a seguir en la vida, a menudo una aventura creativa frente a una trayectoria segura. Es necesario elegir y comprometerse con un camino en concreto, pero espera y la elección correcta te resultará clara dentro de unas semanas.

A veces, la carta puede indicar que una empresa actual, paternidad o relación laboral puede parecer restrictiva, o una situación en el hogar resultarnos segura pero aburrida (en ocasiones, es un indicio de que un flirteo laboral está resultándonos tentador). Estas situaciones, básicamente estables, deben revitalizarse en lugar de abandonarse.

Los contactos o empresas en el extranjero pueden resultar fructíferos.

El Dos de Espadas

Esta es una carta de estar atascado entre dos opciones o personas, y de sentirse incapaz de decidir entre ellas o moverse. El obstáculo puede ser el miedo interior a actuar.

Normalmente, ninguna de las dos opciones es la correcta y existe una tercera que no has considerado. Incluso, esta podría ser la de ir por libre o dar el siguiente paso en solitario, liberándote de la culpa interior y de las presiones emocionales que te rodean.

La carta también puede hacer referencia a problemas financieros y nos informa de que estos no desaparecerán, pero que pueden solucionarse, no fácilmente, pero sí hablando y pidiendo ayuda.

El momento es propicio para entrar en negociaciones, o buscar la conciliación o la mediación.

III: LOS TRESES, LA ALEGRÍA AUMENTADA O LAS CARTAS DE OPORTUNIDAD

El tres representa el construir o reconstruir a partir de situaciones o decisiones anteriores. El sentido en el que se mueven esas nuevas oportunidades aparecerá si se busca lo suficiente. Es un número tradicionalmente asociado con las celebraciones, el matrimonio, el embarazo y el nacimiento o, cada vez más, con el unirse a una familia ya hecha.

Los treses son excelentes para toda clase de empresas creativas.

El Tres de Oros

Esta es una carta excelente que habla de acumular recursos tangibles (quizás después de un contratiempo o retraso sufrido en el pasado). Promete que cualquier aventura que comienzas o en la que estés trabajando actualmente tiene unos cimientos firmes, aunque la cuestión está en ser capaces de llevar a cabo avances, paso a paso.

La carta asegura el éxito en cualquier negocio inmobiliario, proyecto de bricolaje o renovación. También es un buen augurio para las artesanías y las actividades manuales, ya sea por trabajo o por afición. Las finanzas mejorarán, y el trabajo duro y la atención a los detalles son esenciales para progresar, y trabajar en colaboración con los demás es el mejor camino a seguir.

El Tres de Oros puede anunciar que vamos a estrechar vínculos con un pariente mayor.

Es un excelente augurio para cuestiones tocantes a hipotecas, rehipotecas, préstamos y reprogramación de deudas.

El Tres de Copas

Esta es una carta de fertilidad y abundancia; es una carta de embarazo o matrimonio y de celebración familiar. También puede indicar el regreso de alguien a la familia tras una ausencia por motivos de trabajo o por distanciamiento.

Nuevos amigos entran en tu vida o viejos amigos regresan.

Favorece el trabajo con niños y el asesoramiento.

El Tres de Bastos

Cualquier plan o empresa creativa que tengas o pienses poner en marcha, en un futuro próximo, dará lugar a una ampliación de las oportunidades. Personas de otros lugares y del extranjero te ofrecerán nuevas salidas para tus talentos y quizás viajes inesperados al extranjero. Indica que hay que buscar la independencia y conseguir una casa propia, un ascenso o una carrera profesional nueva y más satisfactoria.

Si estás buscando trabajo, amplía tu abanico de empleos y el área geográfica de tu búsqueda. Cualquier empresa creativa que emprendas recibirá una respuesta favorable.

El Tres de Espadas

Esta carta nunca predice un desengaño amoroso, pero puede advertirte de que tengas cuidado con alguien que parece demasiado bueno para ser verdad. Deberías usar la cabeza y la lógica, si te están presionando o manipulando emocionalmente. Aprende a decir *no* a familiares, amigos y compañeros poco razonables.

Vigila para que otros no frenen tus finanzas o te persuadan para que les prestes dinero o que entres en un negocio, solo para complacer a alguien.

Esta carta es una señal de que es bueno seguir adelante con los estudios o un programa de formación, o un nuevo trabajo.

Vigila a los que te tratan bien a la cara, pero pueden estar chismorreando o difundiendo rumores a tus espaldas.

Es una carta excelente para cualquier intervención quirúrgica o médica.

IV: LOS CUATROS, LAS CARTAS DE PRECAUCIÓN

Los cuatros exploran las alternativas que hay entre arriesgarse o aferrarse a lo que se tiene ahora, y suelen aparecer cuando uno se pregunta si hay algo más en la vida que la seguridad.

El Cuatro de Oros

Este cuatro es el máximo ejemplo de optar por la precaución frente a arriesgarse.

La carta representa el vivir una vida suficientemente feliz, pero puede ocurrir que, arriesgándote a invertir en algo que te aportara satisfacción, más que beneficios económicos, por fin encuentres la alegría. Con Oros de por medio, sabes que el riesgo te compensará a largo plazo, pues estos, a menudo, representan asumir un riesgo a corto plazo, a cambio de un beneficio a largo plazo que no es seguro al cien por cien.

Dado que también se trata de una carta familiar, la calidad de vida podría mejorar apostando por nuevas empresas o gastando dinero en ocio y placer.

Puede indicar que te quedas en una relación o en un trabajo por seguridad, pero a costa de tu libertad personal y de tu futuro amoroso, y de tu autocrecimiento e iniciativa.

El Cuatro de Copas

El Cuatro de Copas advierte de que necesitas tomar decisiones en lugar de dejar que los asuntos vayan a la deriva o que sean otros los que tomen las decisiones. Esta carta, a menudo, tiene que ver con la incertidumbre sobre si un amante va en serio y si hay que dejar que las cosas sigan adelante, o exigir más y arriesgarse al rechazo. Es mejor tantear el terreno, porque así es como podrás seguir adelante con otro amante, si el actual no es el adecuado.

El Cuatro de Copas también puede sugerir que no te sientes realizado espiritual y personalmente en tu vida, en tu espacio vital o en tu trabajo, y que ha llegado el momento de decidir lo que quieres y apostar por ello; lo que más lamentamos es lo que nunca intentamos, y la situación actual puede implicar el abandono las comodidades familiares.

El Cuatro de Bastos

El Cuatro de Bastos es idílico y se refiere a la posibilidad de mudarse a un lugar en el que te sentirás realmente como en casa. La morada propiamente dicha importa menos que la alegría de vivir tu sueño más pronto que tarde (y ni siquiera se refiere a una vivienda convencional; podría ser un barco o una autocaravana).

También puede indicar que has alcanzado o alcanzarás pronto tus ambiciones personales y que disfrutas de un éxito moderado y satisfactorio. Sin embargo, como cuatro, pregunta: «¿Quieres más, apuntar más alto quizá a costa de la comodidad y la facilidad o de vivir donde eres feliz?».

El Cuatro de Bastos puede aparecer a mitad de una carrera profesional o incluso cuando se acerca la jubilación anticipada, y lo que dice es que aún puedes encontrar ese arcoíris, quizás mudándote más lejos o construyendo la casa de tus sueños.

También es la carta del trabajar desde casa, pero eso puede implicar cambios temporalmente perturbadores.

El Cuatro de Espadas

Esta carta se refiere a los miedos que nos impiden iniciar cambios o denunciar la injusticia.

Normalmente, existe una buena razón para sentirse incapaz de actuar: las circunstancias, las personas que dependen de nosotros, una traición del pasado o un revés de la fortuna, y siendo un cuatro, puede que no sea el momento de actuar. Esta carta te asegura que los miedos dentro de tu cabeza son mucho, mucho peores que la realidad.

Cuando te sientas preparado, utiliza el poder de las espadas para atravesar el miedo y alcanzar lo que deseas.

V: CINCO, TRIUNFAR MEDIANTE LAS CARTAS

Los cincos representan la comunicación, la acción rápida y acertada y la adquisición de nuevos conocimientos o recursos.

Los cincos informan de que tienes que afrontar positivamente cualquier situación tal y como es ahora, en lugar de como te gustaría que fuera. Con esfuerzo y ayuda, a menudo de más lejos o de fuentes que no habías considerado antes, todo se resolverá de formas que ni siquiera habías previsto, pero que siempre son correctas.

El Cinco de Oros

No estás recibiendo la ayuda y el apoyo que necesitas de tu familia, amigos o canales oficiales, y sugiere que tus preocupaciones son sobre dinero, el hogar, asuntos familiares, la educación de un hijo o el cuidado de un familiar enfermo o anciano.

La carta te invita a que persista, al tiempo que anima a probar fuentes de ayuda adicionales y alternativas que quizá puedan ayudarte a ejercer la presión necesaria para conseguir los recursos adecuados.

La carta puede aparecer si estás abrumado con responsabilidades domésticas o en el lugar de trabajo, e insiste en que los demás hagan su parte.

El Cinco de Copas

Una relación rota puede arreglarse, pero ¿quieres hacerlo? Y, si es así, ¿qué cambios necesitas para que funcione? Puede que hayáis pasado por un mal momento en una relación duradera; intentad eliminar las interferencias externas y alejaos de todo eso juntos, quizá de forma permanente. La carta también puede aparecer si estás inmerso en una aventura o tentado de iniciar una. Algunas personas pueden ser felices con dos parejas, pero, tarde o temprano, una de las relaciones (o quizá las dos) se romperá debido a la tensión.

El Cinco de Bastos

Esta carta indica que estás en un momento en el que necesitas luchar por lo que quieres, ya sea por un ascenso en el trabajo o por el éxito en un campo competitivo, artístico o creativo, o por tu identidad, si esta se está viendo erosionada por las exigencias de los demás. Una carrera en comunicación o en los medios de comunicación sería un éxito. Si el trabajo es demasiado competitivo u hostil, busca en otra parte o ve por libre.

El Cinco de Espadas

Es una carta de lucha y victoria contra obstáculos difíciles.

Afronta los obstáculos o la oposición con calma, pero asegúrate de conocer los hechos y también tus derechos; es una buena carta para obtener justicia. Sin embargo, ten cuidado con los tratos subrepticios o los amigos fingidos que te apuñalarían por la espalda.

Si estás siendo manipulado emocionalmente, deja de permitir que los demás presionen tus resortes, y no permitas que las personas que juegan con tu debilidad minen tu fuerza.

EL ABANICO DE OPCIONES

Esta tirada, extraordinariamente sencilla, es buena cuando hay que decidir entre dos o más opciones.

Carta Uno: La Pregunta

Representa la elección que hay que hacer o el tema que ha motivado la lectura.

Selecciona la carta uno, boca abajo, del mazo barajado o mezclado boca abajo.

No des la vuelta ni leas la carta uno hasta que hayas repartido todas las cartas y asignado las filas de opciones.

Cartas del dos al siete: Las dos opciones

En primer lugar, decide qué opción representará cada una que elijas. Reparte estas seis cartas boca abajo por parejas, una al lado de la otra, empezando justo debajo de la carta uno. Repártelas verticalmente de dos en dos, hacia ti.

Da la vuelta a la primera carta y comprueba qué relación tiene con la pregunta. Si no queda claro, reparte una segunda carta al lado de la primera.

Da la vuelta y lee la opción uno; luego las cartas dos, cuatro y seis en ese orden, utilizando como guía los significados de las posiciones que aparecen después del diagrama.

Lee la segunda fila: opción dos; cartas tres, cinco y siete.

Decide cuál te parece la opción más viable.

Si ninguna de las opciones te parece bien, añade una tercera fila de opciones a la derecha de la opción dos.

CARTA UNO: La pregunta o asunto sobre el que hay que hacer una elección.

CARTA DOS: La acción sugerida que podrías poner en práctica para llevar a cabo la opción uno, la fila de la izquierda.

CARTA TRES: La acción sugerida para la opción dos, la fila de la derecha.

CARTA CUATRO: Las consecuencias imprevistas (positivas o negativas) de poner en práctica la primera opción.

CARTA CINCO: Las consecuencias imprevistas para la opción dos.

CARTA SEIS: El resultado probable de seguir el camino de la opción uno.

CARTA SIETE: El resultado probable de la opción dos.

Una lectura de la vida real

Lo que sigue es una lectura de opciones utilizando el método descrito en este capítulo.

LA HISTORIA DE TOM

Linda, la novia de Tom, le había dejado por tercera vez, por otro hombre. Ahora, ella quería volver con Tom, ya que su nueva relación había resultado, una vez más, una desastrosa equivocación. Las dos opciones que Tom identificó eran las de volver con Linda o seguir solo.

La carta número uno, la Pregunta o Asunto, fue el As de Espadas.

La carta número uno preguntaba a Tom si sería lógico volver a retomar la relación tras las frecuentes traiciones.

También era una carta de aprendizaje. A Tom le habían ofrecido un importante curso de formación en su profesión de asistente social, pero eso le supondría estar trabajando a más de trescientos kilómetros de distancia, durante seis meses. Y él sabía que Linda nunca aceptaría algo así.

La opción número uno representaba su decisión de volver con Linda (y rechazar el curso). La segunda carta, la de la Acción Sugerida, era la de Los Enamorados.

Recuperar a Linda conduciría a una reconciliación apasionada, pero, en el pasado, al periodo de luna de miel le seguía un descontento cada vez mayor por parte de Linda, que acababa por traicionarlo.

La carta número cuatro, la Consecuencias Imprevistas en caso de optar por la opción uno, era la carta de La Muerte.

¿Qué es lo que moriría? La tranquilidad de Tom, ya que siempre estaría atento a señales de futuras traiciones; y, sobre todo, su ascenso profesional se vería en peligro. Sin embargo, Linda le atraía como un imán; y cuando era feliz, la situación resultaba idílica.

La carta número seis, el Resultado Probable, en caso de elegir la opción uno, era el Cinco de Copas.

¿Podría ella llegar a cambiar? En el fondo, Tom sabía que no lo haría. Pero él la amaba y no quería alejarse de ella.

La segunda opción era seguir libre y participar en el curso de formación que le habían ofrecido en el trabajo.

La carta número tres, la Acción Sugerida para la opción dos, era el Ocho de Copas, en la que el hombre de la carta se nos muestra alejándose hacia lo desconocido.

En este caso, Tom estaría dejando atrás un vínculo emocional insatisfactorio (aunque hubiera invertido mucho en el mismo), con pesar, pues todavía mantenía fuertes sentimientos por Linda.

La carta número cinco, las Circunstancias Imprevistas, en caso de tomar la opción dos, era el As de Copas, el nuevo comienzo en el amor. Aunque esto podría referirse a que Linda apreciase más a Tom si este se ausentara durante seis meses, lo más probable es que sugiriese que conocería a alguien nuevo a quien podría llegar a amar.

La carta número siete, el Resultado Probable en caso de tomar la opción dos, era El Emperador. Esta carta de poder se refería a Tom (que había estado controlado por Linda) centrándose en su carrera para poder llegar lejos.

Tom le preguntó a Linda si quería irse a vivir con él a la ciudad, pero ella se negó e insistió en que dejara pasar la oportunidad, si de verdad la quería. Tom dijo que no, aprobó el curso de formación con sobresaliente, le ofrecieron un excelente trabajo, y ahora está prometido con una trabajadora social que conoció en el curso.

LAS CARTAS MENORES, DE LOS SEISES A LOS DIECES

LAS CARTAS, DE LOS SEISES A LOS DIECES, SON LAS QUE MUESTRAN que nos movemos, mediante la armonía y el cambio hacia la victoria definitiva y los finales que conducen a los comienzos.

VI: LOS SEISES, LAS CARTAS DE LA ARMONÍA Y EL EQUILIBRIO

Los seises exploran distintas formas de mantener o lograr el equilibrio en tu vida, dentro de ti mismo. Prometen que todo en tu vida saldrá mejor de lo esperado.

Pero los seises pueden aparecer cuando estás lamentándote por el pasado y soñando con el futuro en lugar de centrarte en arreglar el presente. También es posible que esté esperando el amor perfecto y la felicidad en lugar de disfrutar de un amor real o de una relación existente, incluso con algún que otro defecto.

El Seis de Oros

Es posible que, en este momento, estés dando más de lo que recibes, ya sea en términos económicos, de ayuda práctica o de agradecimiento. Esto suele estar relacionado con la familia, pero puede referirse también a una situación laboral en la que se te carga con toda la responsabilidad y no se te reconoce ningún mérito.

También puede referirse a problemas personales de liquidez, causados por ayudar a familiares o amigos que pueden arreglárselas por sí mismos, o por apuntalar un negocio que es mejor abandonar.

Es una carta propicia para la especulación y los trabajos en finanzas, banca o cuidados prácticos, especialmente a personas mayores.

El Seis de Copas

Esta es una carta que promete un amor feliz y duradero y, en especial, tener una familia y encontrar un hogar estable; si eres una persona mayor, dice que estás con la persona adecuada, pero puede que no hayas encontrado la casa o el estilo de vida de tus sueños.

También puede indicar un incremento de la familia, ya sea por nacimiento o por la llegada de un miembro extra en forma de una nueva pareja o nuevo padrastro, y que esta incorporación resultará armoniosa.

Por último, puede anunciar el regreso de alguien del pasado o el contacto inesperado con amigos de la infancia, incluso con un antiguo amor.

El Seis de Bastos

Con esta carta, volverás a casa victorioso, puede que sea en seis semanas o puede que en seis meses; el plazo depende de la pregunta y de las cartas que la rodean. Persevera y tendrás éxito en esa empresa creativa, salto profesional, viaje soñado o apuesta por la libertad; esta es la carta de la búsqueda de la armonía a través del llevar a cabo tu visión única y de destacar entre la multitud.

El Seis de Espadas

Se aproximan tiempos más tranquilos, prósperos y felices tras un periodo de inquietud, incertidumbre o, a veces, de grandes esfuerzos, siempre que dejes atrás cualquier amargura o remordimiento.

La carta también puede indicar un viaje beneficioso, normalmente dentro de seis meses, ya sean unas vacaciones, un traslado o una mudanza que te traerá felicidad. Por otra parte, un vecino molesto o un colega rencoroso saldrán pronto e inesperadamente de tu vida.

VII: LOS SIETES, LAS CARTAS DE CONTEMPLACIÓN

El siete es el número de la sabiduría, la espiritualidad y el misterio. En lugar de precipitarte o apresurarte a tomar una decisión o realizar un cambio, espera hasta que estés preparado, ya que puede que descubras que eres feliz con tu vida, tal y como está.

Confía en tu intuición y en tus sueños. Esta carta representa un periodo en el que tu desarrollo psíquico y tus poderes curativos evolucionarán de forma natural.

Ten cuidado con la ilusión, ya sea la que presenta el camino fácil o la que te lleva a que otros te engañen, en contra de tu buen juicio.

El Siete de Oros

Se trata de una carta de seguridad a largo plazo que indica estabilidad a través de dinero o propiedades que seguirán creciendo a lo largo de siete años y aún después. Esta carta indica un buen momento para comprar una casa o invertir en terrenos, propiedades o inversiones seguras, en contraposición a las inversiones especulativas.

Los frutos del esfuerzo a corto plazo o de la inversión de tiempo y recursos, empezarán a dar sus frutos dentro de seis o siete meses, y las cuestiones económicas o las preocupaciones familiares mejorarán gradualmente en la misma escala temporal.

El Siete de Copas

Esta carta representa oportunidades en una carrera o empresa que realmente te importa o en tus relaciones; esto implicará tomar decisiones que deben hacerse con el corazón en lugar de con la cabeza.

Puede que te cuestiones un compromiso amoroso que evoluciona con lentitud o que parece poco fiable; plantea preguntas en lugar de preocuparte. Puede que descubras que los miedos estaban dentro de tu propia mente, porque dudas de ti mismo. Alguien cercano se beneficiará de métodos de curación alternativos y naturales. No dejes que los demás influyan en tus decisiones.

El Siete de Bastos

Aquí la elección es clara: reafirmarte en tus derechos, encontrar tus raíces o desarraigarte y empezar de nuevo, en algún lugar nuevo. No hacer nada no es una opción.

También es una carta de éxito, aunque es posible que primero tengas que defender tu posición, argumentar sobre tu postura o luchar contra la oposición. Puede revelar una oportunidad repentina de liderazgo, así que mantente alerta a las oportunidades y no subestimes tus capacidades.

El Siete de Espadas

Esta carta advierte contra el doble juego de los demás y contra las personas que actúan a tus espaldas.

Si las finanzas, las cuestiones de custodia o la propiedad están en disputa, especialmente en un acuerdo de divorcio, asegúrate de estar bien representado y vigila a tu oponente, atento a las mentiras o a señales de que se están ocultando bienes. Si los negocios han ido mal, en el futuro te recuperarás de las pérdidas, si no desistes de tus demandas. Cuando te veas afectado por cotilleos o vecinos molestos, o tengas dudas sobre un amante que ya te haya traicionado antes, no te dejes engatusar con excusas ni permitas que alguien que te eche la culpa a ti.

No cedas a una oferta demasiado buena para ser cierta o en una oportunidad de ganar dinero rápido.

VIII: LOS OCHOS, LAS CARTAS DE LOS ESFUERZOS, LA OPORTUNIDAD Y EL APRENDIZAJE

Los ochos son las cartas activas y emprendedoras de la maximización de oportunidades, y de la superación de obstáculos y restricciones. También nos hablan de dar la espalda a lo que ya no funciona o a asuntos del pasado que todavía te persiguen, y también de aprender cosas nuevas y de descubrir nuevos rostros y lugares.

La especulación y la asunción de riesgos provocarán un rápido aumento de los activos.

El Ocho de Oros

Llamada El Aprendiz o la carta del trabajador autónomo, esta carta promete que puedes hacer fortuna gracias a tu propio esfuerzo. Este es el momento adecuado para aprender una nueva habilidad o desarrollar un interés por un negocio exitoso.

Dentro de una carrera profesional satisfactoria, la carta puede anunciar la oportunidad de cambiar de campo dentro de la misma empresa u organización, o de asumir responsabilidades adicionales. También es un buen presagio para cualquier proyecto de bricolaje o reformas domésticas.

Si llevas tiempo practicando una habilidad o un talento, ahora es el momento de ponerlo a prueba públicamente y ganar dinero con ello.

El Ocho de Copas

Esta es una carta de «alejarse de aquello que no funciona», ya sea una relación destructiva, un mal hábito, un trabajo que te ha hecho infeliz o un hogar que crees que no es el adecuado para ti. Sin embargo, esta carta también se refiere a encaminarse hacia algo que te hará feliz y sentirte realizado, lo que puede implicar viajar o incluso un traslado.

También puede producirse una reconciliación tras una traición o una separación temporal, pero en circunstancias nuevas y más estables que debes determinar tú.

De igual manera, puede indicar un periodo trabajando fuera de casa que te resultará ventajoso; es un buen augurio para una relación a distancia.

El Ocho de Bastos

Esta es la carta definitiva del «levantar el vuelo», que suele indicar oportunidades de viaje inesperadas y satisfactorias, sean unas vacaciones o, sobre todo, aventuras de larga distancia o a largo plazo.

Un Ocho de Bastos puede indicar un cambio profesional afortunado que implique una mudanza, la visita a amigos o parientes en el extranjero, o una nueva casa de vacaciones, barco o vehículo.

Esta carta alude a la posibilidad de desarrollar intereses apasionantes e inusuales, de conocer gente nueva y estimulante, de establecer contactos con éxito —especialmente en el ciberespacio— y de emprender negocios, llegando a un mercado mucho más amplio. También puede presagiar reconocimiento en las artes escénicas: «conseguir esa gran oportunidad».

El Ocho de Espadas

Esta es una carta de restricciones, ya sean impuestas por otros, por tus propios miedos o por reminiscencias negativas del pasado, que solo se pueden superar con esfuerzo y determinación.

Un revés puede aprovecharse para una nueva oportunidad a través de la libertad de escapar de limitaciones y prohibiciones que pueden haberse convertido en un hábito.

Lo que más temes —ya sea perder el trabajo, que alguien te abandone o perder dinero— no ocurrirá, pero pregúntate si realmente quieres estar en la situación en la que te encuentras. Esta carta es buena para superar adicciones, miedos y fobias.

IX: LOS NUEVES, LAS CARTAS DE AUTORREALIZACIÓN

Son las cartas del yo, de la confianza en uno mismo, de la independencia y, sobre todo, de la autosuficiencia. También representan el esfuerzo y la consecución de lo que más deseas, así como la finalización con éxito de un proyecto, especialmente uno creativo o independiente que te aportará libertad; no aceptes verte relegado en el amor, la carrera y la vida, pues puedes alcanzar todos esos sueños si haces un esfuerzo supremo más.

El Nueve de Oros

A veces se la denomina la carta del cumplimiento de los deseos y de alcanzar la seguridad en el dinero. Puedes tener éxito gracias a tus propios esfuerzos y no necesitas que te hagan favores, ni depender de la buena voluntad de los demás. Ya se trate de un asunto familiar, financiero o empresarial, tienes asegurada la independencia financiera, si haces las cosas a tu manera.

Como el nueve es también el número de la perfección, la carta puede referirse a la consecución de una ambición que albergas hace muchos años. También es otra carta de éxito en el trabajo por cuenta propia.

Puede que tengas que ayudar a un amigo o familiar a ser autosuficiente (aunque esto implique sacrificarse por él), pero no ayudes económicamente a familiares o amigos que no se ayudan a sí mismos. Por encima de todo, es posible que quieras generar tu propio fondo privado de dinero.

El Nueve de Copas

El Nueve de Copas representa la máxima independencia frente a presiones emocionales, ayudándote a descubrir tu poder personal y tus deseos dentro de una relación, si ha dependido o necesitado la aprobación de los demás.

Es posible que, en este momento, necesites centrarte en el trabajo o en tu realización personal, y que una relación tenga que pasar temporalmente a un segundo plano; esto puede ocurrir cuando una mujer con hijos vuelve al trabajo y entonces se siente culpable por sentir haber descuidado a su familia.

También puede ocurrir si alguien necesita un periodo en el que estar a solas, quizá tras una ruptura. En lugar de precipitarte en una aventura como reacción, puede que descubras que te gusta la independencia y que incluso la deseas, dentro de una futura relación.

El Nueve de Bastos

A menudo se la denomina la carta del «ya casi está». Representa un triunfo inminente tras un esfuerzo profesional o un éxito creativo o artístico, tal vez tras un periodo de rechazo o contratiempos.

Si sigues debatiéndote y te preguntas si merece la pena, esta es la carta que te invita a ser valiente. La victoria está asegurada, aunque puede que tengas que extender más tu red y hacer un gran esfuerzo. Puede también significar el recuperar la salud tras una enfermedad, un accidente o un episodio de agotamiento.

El Nueve de Espadas

El Nueve de Espadas se refiere a los miedos que están bien fundados, a oposiciones, así como a presiones emocionales y financieras. Sin embargo, promete que todo irá bien si afrontas los problemas y a los que te acosan sin rodeos; ignora los chismorreos y los rumores, sopesa de manera lógica la mejor opción que tienes, aunque no sea la ideal, y ve a por ella. Es una carta contraria a las deudas, que te dice que busques asesoramiento independiente, porque, por agobiantes que sean, los problemas financieros y de vivienda pueden resolverse si no eludes las facturas y los requerimientos oficiales.

Ten cuidado con los vampiros emocionales que absorben tus energías con sus problemas; si trabajas en un ambiente hostil, intenta seguir adelante y, mientras tanto, no te dejes absorber por la atmósfera tóxica.

X: LOS DIECES, LAS CARTAS DE CULMINACIÓN O CIERRE

Los dieces son cartas que prometen la finalización con éxito de cualquier asunto o ambición, y también felicidad y seguridad a largo plazo en su vida. Esto es algo que puede implicar cerrar puertas para pasar al siguiente ciclo y despejar lo que ya no es necesario, deshaciéndote de viejas cargas, actividades e incluso de personas que te frenan o hacen que se resienta tu éxito, con el fin de maximizar los beneficios que tanto te ha costado conseguir.

El Diez de Oros

El Diez de Oros es la carta de la felicidad a largo plazo, la seguridad y la alegría familiar. Sean cuales sean las preocupaciones económicas o familiares que tengas en estos momentos, todo saldrá bien; la seguridad y la felicidad durarán hasta la vejez. Es una carta propicia si esperas formar una familia o establecerte, o si piensas trabajar con animales o tener mascotas.

Para las personas que están a punto de jubilarse, puede anunciar un traslado al extranjero, o, si son más jóvenes, una nueva aventura empresarial en pareja, a menudo desde casa; es propicia para las empresas prácticas, artesanales o de hostelería.

No caigas en la tentación de alejarte si tu relación actual atraviesa una mala racha; quédate con los amigos leales en lugar de con otros nuevos, excitantes pero volátiles.

El Diez de Copas

El Diez de Copas es la carta del amor por excelencia, y habla del amor duradero y la fidelidad, más que de los aspectos materiales y seguros de una relación.

Con la carta anterior presente en una lectura, el Diez de Copas completa la felicidad futura en todos los sentidos.

Haz caso a tu corazón, incluso si eso significa renunciar a la seguridad o a alguien que te promete todo —excepto amor— o que no despierta tu pasión.

El Diez de Copas puede anunciar una repentina reavivación de la pasión tras un periodo en el que ha habido poca conexión, o que una relación ha llegado a un punto en el que el siguiente paso debe ser un compromiso permanente, o anuncia el irse a vivir juntos, si se quiere que esa relación prospere. La carta es una buena señal sobre la resolución de un amor secreto o de un amor en el que una o ambas partes no son libres.

También puede prometer felicidad a través de hijos y nietos, y trabajando con niños en una situación asistencial o terapéutica.

El Diez de Bastos

Esta carta predice que el resultado final de tu esfuerzo creativo o profesional, tus planes de viaje o tus sueños personales, está ya a la vista. Líbrate de aquellos aspectos de tu vida que se han vuelto redundantes, insatisfactorios o que te impiden hacer realidad esos sueños que tanto te ha costado conseguir.

También promete un apoyo repentino e inesperado o ayuda financiera, si necesitas respaldo para poner en práctica un sueño.

La carta es una garantía de que un ser querido o tú mismo recuperéis la salud.

El Diez de Espadas

Este es un símbolo de un final necesario, que conduce a un nuevo comienzo, cuando una relación o una trayectoria profesional no van a ninguna parte. Tienes que ser fuerte y no dejarte manipular emocionalmente ni intimidar, ni quedarte en una situación sin esperanza por lealtad o sensación de culpa equivocadas. De verdad, hay luz al final del túnel.

Si alguien que conoces va a someterse pronto a una operación o a cualquier tratamiento quirúrgico o médico, esta carta es un excelente augurio.

LA TIRADA DE LA ENCRUCIJADA

Recurre a la Tirada de la Encrucijada si has llegado a un punto de cambio en la vida, a un «¿y ahora qué?», si el camino parece incierto o sientes que has perdido el rumbo.

Por lo general, al final de la lectura se vuelve a la carta uno (la pregunta original) y se reevalúa si se desea algún cambio a la luz de las cartas del dos a cinco, y, si es así, cuándo y cómo.

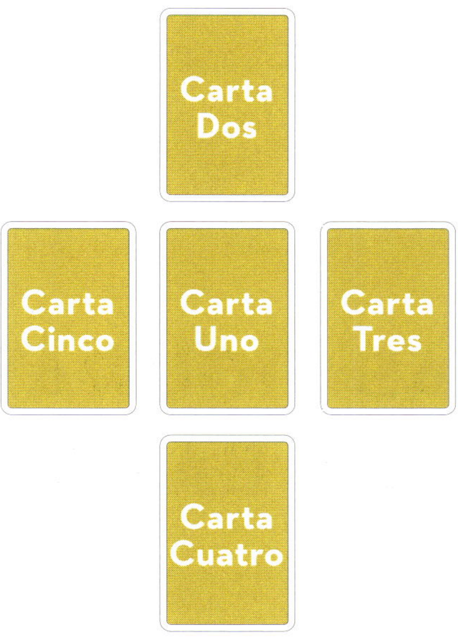

CARTA UNO: ¿Dónde estás ahora?

CARTA DOS: ¿Qué se ganará? Las ventajas del cambio.

CARTA TRES: ¿Qué se perderá? Las desventajas del cambio.

CARTA CUATRO: ¿Quién o qué te ayudará a realizar el cambio deseado?

CARTA CINCO: ¿Quién o qué te pondrá trabas si realizas el cambio deseado?

CARTA UNO: Reevaluación: ¿Merece la pena el cambio y, en caso afirmativo, cuándo realizarlo?

CARTA SEIS: Es opcional y se saca del resto de la baraja si la Carta Uno necesita aclaración.

Da la vuelta a las cartas y léelas una tras otra. Al final de la lectura, la primera carta te parecerá diferente. Si no es así, vuelve a centrarte en la pregunta y saca la Sexta Carta para cubrir la primera.

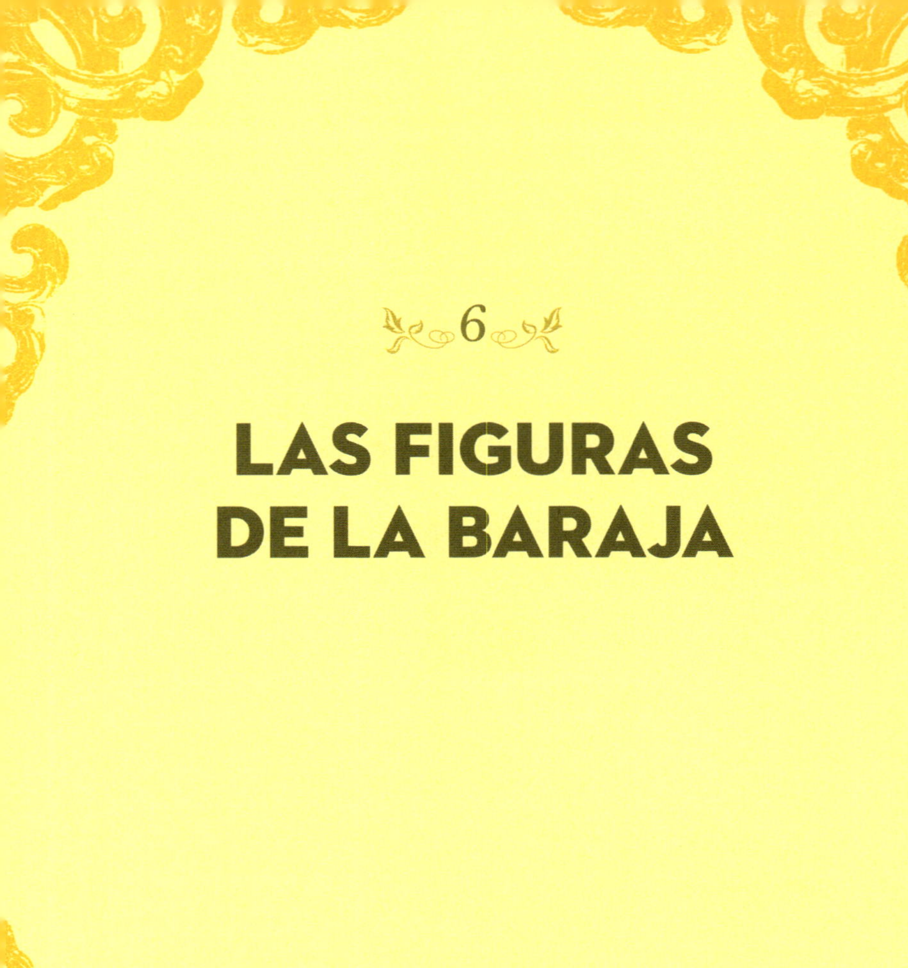

LAS FIGURAS
DE LA BARAJA

LAS DIECISÉIS CARTAS FINALES SE DENOMINAN figuras y son cuatro por cada palo: una Sota o Paje, un Caballo o Caballero, una Reina y un Rey. Representan a personas de nuestro entorno, sean familiares, amantes, hijos, amigos, enemigos, jefes, directivos o colegas influyentes. Los nombres de las cartas pueden variar ligeramente según las distintas barajas, pero siempre son fácilmente identificables.

Las figuras también pueden representar cualidades, puntos fuertes y retos en tu vida o en la de tus seres queridos.

LECTURA DE LAS FIGURAS

Después de leer los significados de las cartas, identifica a cada uno de los dieciséis personajes de tu vida, pasada o presente.

Pregúntate también qué carta te representa mejor ahora mismo y en quién te gustaría convertirte.

Las Sotas/Pajes

Las sotas encarnan a chicas o a un chico sensible, a un adolescente de cualquier sexo o a una mujer adulta joven que no está en una relación comprometida o en un hogar propio establecido, o que actúa como una princesa mimada.

La carta también puede representar un aspecto no desarrollado de la personalidad del consultante o un talento que está emergiendo, o los primeros pasos tentativos hacia una nueva fase de la vida o actividad.

El aspecto más difícil de las Sotas es cuando representan a alguien de cualquier edad que actúa deliberadamente de forma indefensa o se muestra muy infantil y testarudo (¡y es más común de lo que se cree encontrarse con Sotas de cincuenta años!).

LA SOTA/PAJE DE OROS

Si se trata de una persona que está presente en tu vida, la Sota de Oros apunta a alguien joven, o juvenil para su edad, que, sin embargo, es digno de confianza, paciente, ecuánime, tranquilo y trabajador, y que es muy de fiar en temas de dinero.

Como característica, esta Sota indica el aprendizaje de un oficio o habilidad o el comienzo de un largo curso de estudio que progresará paso a paso. Puede también anunciar un nuevo comienzo financiero tras un revés.

El único aspecto negativo reside en la falta de voluntad para probar cosas nuevas o ir a lugares nuevos.

LA SOTA/PAJE DE COPAS

Si se trata de una persona presente en tu vida, la Sota de Copas es muy sensible, amable, imaginativa, digna de confianza, idealista y psíquica, y anuncia un primer encuentro amoroso o un florecimiento lento.

Como característica, la Sota de Copas anuncia el lento resurgimiento de la confianza en la vida y en el amor después de una traición, y también el aprendizaje de algo nuevo que te resulte apasionante, o el desarrollo de la espiritualidad y las habilidades curativas.

El problema puede estar en poner a la gente en pedestales y desilusionarse amargamente cuando demuestran ser humanos. Además, estas sotas son fáciles de engañar.

LA SOTA/PAJE DE BASTOS

Si se trata de una persona presente en tu vida, de cualquier edad, la Sota de Bastos es alguien que está constantemente cambiando de humor, mudándose de lugar, buscando nuevas actividades y amigos, y luego pasando a la siguiente maravilla que le ofrece la vida, aparentemente por capricho.

Si aparece como característica, el Paje de Bastos significa el surgimiento de un nuevo sueño creativo y el no estar dispuesto a comprometerse con un camino concreto, sino ir saltando de uno a otro hacia una oportunidad cada vez más emocionante.

La cara mala de esta carta la encontramos en la distracción y la impaciencia ante la obligación de esperar a que se desarrollen las ideas.

LA SOTA/PAJE DE ESPADAS

Si representa a una persona presente en tu vida, la Sota de Espadas es demasiado inteligente para su propio bien, desafía a la autoridad por capricho y puede herir los sentimientos ajenos por simple desconsideración.

Como característica, el Paje de Espadas representa el rechazo de la ayuda, el consejo y el afecto ajeno, a causa de una herida pasada, y el dedicarse a luchar por causas que no merece la pena defender.

Su aspecto difícil reside en estar a la defensiva en exceso y ver desaires cuando nadie tiene intención de hacerlos.

Los Caballos o Caballeros

Los Caballos/Caballeros son adolescentes crecidos. También pueden representar a hombres jóvenes que aún no se han comprometido o a hombres de cualquier edad que conservan los deseos de libertad, aunque estén comprometidos.

La carta, como característica, significa entusiasmo e ímpetu aplicados a una empresa o un cambio de vida que traerá libertad y realización personal. En el amor, los Caballeros representan una relación de crecimiento lento, en cualquier edad o etapa.

El aspecto espinoso lo encontramos en el egoísmo, sea cual sea la edad del Caballo (los hombres, especialmente en la crisis de la mediana edad, pueden volver a ser Caballos).

EL CABALLO/CABALLERO DE OROS

Si se trata de una persona presente en tu vida, el Caballo de Oros es conservador y no se alejará demasiado del hogar ni de las actividades familiares. Este Caballo persevera para desarrollar una carrera sólida y ahorrará cuidadosamente para acceder a la propiedad; también es un amante fiel pero disperso.

Si la carta aparece como característica, el Caballo de Oros representa un plan sólido para una empresa que genere dinero, y también perseverancia con los asuntos lentos o las personas difíciles.

El aspecto problemático de esta carta se encuentra en la falta de voluntad para expresar opiniones divergentes o para asumir riesgos en asuntos de dinero o en el amor.

EL CABALLO/CABALLERO DE COPAS

Si se trata de una persona en tu vida, este es tu caballero de brillante armadura: romántico, idealista y soñador; un excelente potencial amor de almas gemelas que crecerá con los años.

Si la carta aparece característica, el Caballo de Copas anuncia el amor verdadero y un idilio próximo, o que el consultante se está planteando una aventura amorosa secreta; también el aprender un arte espiritual o enfocado a las personas, que puede convertirse en una carrera.

El aspecto espinoso de esta carta es que puede indicar que la persona a la que representa es el romántico que nunca crece y deja un rastro de corazones rotos y sueños destrozados, tanto propios como ajenos.

EL CABALLO/CABALLERO DE BASTOS

Como persona presente en tu vida, el carismático, pero poco fiable, Caballo de Bastos cambia constantemente de rumbo, para emprender nuevas y cada vez más emocionantes y peligrosas misiones.

Este Caballo es un gran especulador y comunicador, capaz de salir airoso de cualquier aprieto, además de ser un emprendedor que alcanza el éxito muy pronto, pero que a veces lo pierde igual de rápido... y luego vuelve a conseguirlo.

En cuanto a característica, el Caballo de Bastos representa el deseo de viajar y cumplir sueños a cualquier edad y al precio que sea, y si es necesario, desprenderse de compromisos que resulten gravosos.

El aspecto más conflictivo de este Caballo está su falta de voluntad para aferrarse a nada rutinario, y puede dejar a un amigo o amor leal por alguien que le resulte más excitante.

Como persona presente en tu vida, el Caballo de Espadas es alguien totalmente firme en sus objetivos, ya sea una empresa o una persona, y los demás tienen que apartarse o salir perjudicados.

Sumamente inteligentes, especialmente en tecnología, medicina o ciencia, pero sarcásticos, estos Caballos se ofenden con facilidad y tardan en perdonar. Sin embargo, pueden resultar una tremenda fuerza para hacer el bien si se les dirige sabiamente.

Como característica, el Caballero de Espadas ayuda a luchar sin miedo contra la injusticia, pero nunca transigirá ni aceptará la fragilidad o la imperfección en los demás o en él mismo.

Su aspecto más espinoso reside en que hace daño tanto a los inocentes como a sí mismo.

Las Reinas

Las Reinas representan a las mujeres mayores, ya sea en edad o en madurez. No son necesariamente madres, sino que están asentadas en su propio hogar o cuidan de otras personas, ya sea profesional o personalmente.

También pueden ser una figura de autoridad femenina y pueden referirse a hombres cariñosos que ejercen un papel profesional o personal de cuidado hacia los demás.

Como característica, la carta significa un período fértil (no solo en el sentido de tener bebés); una oportunidad de utilizar tus habilidades creativas para ayudar, aconsejar o proteger a otros, o de labrarte una nueva segunda carrera, o hacerte cargo de una familia ya formada.

El aspecto difícil de las Reinas lo encontramos en la posesividad, o en definirse a uno mismo solo en función de la felicidad de los demás.

LA REINA DE OROS

Como persona, es la Reina del Hogar y de la Casa y también una empresaria de éxito, a menudo compaginando ambas labores. Puede ser madre, abuela o directora de una empresa o departamento dedicado al cuidado de otras personas o puede ser supervisora de su equipo.

Se preocupa por los demás de forma práctica, más que con simpatía, y cumple con sus responsabilidades y compromisos por muy cansada que esté. Como característica, la Reina de Pantáculos aparece en un periodo asentado de tu vida o en un periodo en el que estás adquiriendo interés por una empresa a gran escala.

Su lado difícil está en que hace demasiado por los demás y se convierte en una mártir, resultándole difícil delegar.

LA REINA DE COPAS

Como persona presente en tu vida, se trata de la Reina de Corazones por excelencia, la dama del amor y de la fertilidad, que también es hipersensible a la falta de armonía en su vida laboral o familiar.

Es un símbolo de fertilidad, es increíblemente psíquica y sanadora y, en cuestiones de amor, representa a una mujer que es profundamente amada o que encontrará pronto un amor duradero. Como característica, la Reina de Copas nos indica que estás listo para comprometerte de forma permanente o que la persona con la que estás tiene razón; también apunta a una carrera/empresa de éxito en las artes espirituales, de asesoramiento o terapéuticas.

Su aspecto difícil consiste en temer dejar marchar a los que ama, o a amar demasiado. También ve el mundo con cristales de color de rosa.

LA REINA DE BASTOS

Como persona presente en tu vida, esta reina ardiente y creativa es inspiradora, llena de ideas y abierta a la aventura y los viajes. Aunque puede ser una madre inspiradora y una pareja leal, es muy creativa por naturaleza, necesita una carrera estimulante y le gusta ser su propio jefe.

Como característica, esta reina anuncia un fuerte deseo de independencia y la posibilidad de ganarse bien la vida a través de la creatividad o la comunicación, aunque, para ella, la realización es más importante que el dinero.

Sus rasgos más difíciles están en la falta de paciencia con las debilidades de los demás y el estar segura de que siempre tiene razón.

LA REINA DE ESPADAS

Como persona, esta reina es un icono del poder femenino, decidida a vencer, a pesar de cualquier obstáculo que se le presente y, sobre todo, dispuesta a aprender cosas nuevas. Es emocionalmente fuerte, inteligente, ha superado grandes adversidades y puede ser increíblemente leal, aunque pueda parecer poco comprensiva o excesivamente crítica y amarga.

Sin embargo, puede aparecer como una ex pareja o madre manipuladora y difícil que causa problemas.

Como característica, la Reina de Espadas representa un repentino aumento de poder para superar el abuso o la injusticia, y es un buen augurio si vas a dedicarte a estudiar, formarte o reciclarte más adelante.

Su aspecto más desafiante está en que la vida la haya agriado y le moleste la felicidad de los demás, y utilice el chantaje emocional para manipular a los otros a través de la culpa.

Los Reyes

Los reyes representan a hombres maduros o mayores, padres, abuelos, mentores o figuras de autoridad, ya sea una persona real (como el director de un banco o un financiero) o una institución (por ejemplo, jurídica). En una relación amorosa, son o serán un compañero permanente.

Como característica, los Reyes simbolizan el poder, el éxito y la determinación de alcanzar un objetivo concreto que puede ser difícil, pero que traerá grandes recompensas y una mayor prosperidad. También pueden aplicarse a mujeres ambiciosas que buscan llegar a lo más alto.

Los aspectos más espinosos de los Reyes están en la inflexibilidad, el dogmatismo y la terquedad, en ser una persona crítica y, en el peor de los casos, un matón.

EL REY DE OROS

Este Rey fiable y sabio ofrece estabilidad y seguridad práctica y material, y es el marido, el padre, el abuelo, el director de banco comprensivo, el agente de bolsa honesto y el empresario justo ideal.

Como persona en tu vida, el Rey de Oros ofrece fiabilidad y tiene —o tendrá algún día— éxito financiero en su carrera. Es posible que tenga un negocio estable.

Como característica, esta carta puede aparecer cuando estás estableciendo un negocio a largo plazo o una empresa inmobiliaria, o llevando a cabo renovaciones, o abriéndote camino hasta niveles superiores en una organismo oficial, y esta carta es una garantía de éxito.

El aspecto más problemático de este rey es su obsesión por ganar dinero y hacer que los demás sigan su plan de vida. El Rey de Oros también puede ser introvertido y reacio a viajar.

Como persona, el Rey de Corazones representa el amor duradero y la fidelidad en los buenos y en los malos momentos. Es bueno con los niños, los animales y las personas mayores, y puede ser demasiado generoso con su tiempo, los recursos o el dinero, y no siempre para causas nobles.

Como característica, puede representar una elección entre un amor antiguo y establecido, y un amor nuevo; un dilema en el que ganará el corazón. También puede indicar que ha llegado el momento de asumir un compromiso importante en una relación, y esta carta puede decir que será para siempre.

Los aspectos desafiantes de este rey residen en el soñar con el ideal, así como añorar o abandonar la felicidad existente pero ligeramente imperfecta. Una crisis de confianza a mediana edad puede hacerle susceptible a la adulación.

EL REY DE BASTOS

Como persona, el Rey Sol es un visionario, un creador de éxito, un vendedor y empresario, un líder natural y un inventor. Es un viajero de por vida y, como marido y padre, aportará diversión, variedad, y un estilo de vida poco convencional.

Como característica, el Rey de Bastos nos dice que hay que ir a por todas en busca de fama, realización y fortuna, extendiendo la red de contactos todo lo posible, especialmente en el ciberespacio, para llegar a nuevos mercados y audiencias.

El lado desafiante de este rey es la falta de conciencia de las necesidades y sentimientos de los demás (él es un espectáculo de un solo hombre), la inconstancia, cierta tendencia a coquetear, y arrogancia hacia quienes considera aburridos o estúpidos.

Como persona, el Rey de Espadas es un defensor de la verdad, la justicia y la imparcialidad, y no se deja influenciar por el miedo o los favores. Sin embargo, le cuesta expresar sus emociones y suele ser un padre, abuelo o marido taciturno, aunque daría la vida por su familia.

Como figura de autoridad, ya sea relacionada con la ley, el ámbito fiscal, la profesión médica o un organismo gubernamental, el Rey de Espadas se impacienta ante la ineficacia, pero ofrecerá su apoyo contra la corrupción, por muy elevado que sea el estatus del infractor.

Como característica, el Rey de Espadas representa el poder de superar el acoso y la injusticia a través de medios legales u oficiales, y promete éxito el en exámenes o evaluaciones. Comprobar dos veces los hechos y las cifras aporta los resultados deseados.

Sus aspectos más espinosos incluyen la anulación de las opiniones de los demás, el sarcasmo y, en ocasiones, la crueldad o el comportamiento abusivo.

LA TIRADA DE CARTAS CON FIGURAS

La lectura de las Cartas con Figuras, mediante esta tirada en concreto, puede ayudar a comprender las personalidades individuales y a resolver problemas personales. Sigue los pasos que se indican a continuación para utilizar las figuras para una lectura.

Baraja las dieciséis figuras y colócalas boca abajo en círculo, repartidas en el sentido de las agujas del reloj.

Pasa las manos por encima de las cartas, una a una, y selecciona aquellas cuatro que te parezcan mejor y colócalas en un montón boca abajo, y luego baraja.

Repartiendo desde arriba, coloca una carta boca abajo cerca de ti. Lee dicha carta y, a continuación, coloca la segunda carta justo encima de la primera, leyéndola antes de seleccionar la tercera, y así hasta que hayas leído las cuatro cartas en un recorrido vertical.

CARTA CUATRO: En quién te conviertes.

CARTA TRES: Quién se opondrá a ti.

CARTA DOS: Quién te ayudará.

CARTA UNO: Quién eres ahora.

Una lectura de la vida real

Vamos a conocer el relato de cómo la lectura de las personalidades de las figuras le ayudó a alguien a resolver un dilema interpersonal.

LA HISTORIA DE ADAM

Adam está ascendiendo en la empresa, pero descubre que una mujer que le supera en edad siente algo por él. Ella le ha estado dando acceso a información secreta que impulsará su carrera, pero ha dejado claro que quiere una relación sexual a cambio. Adam sabe que eso no está bien, pero está desesperado por avanzar en su carrera con rapidez, porque su padre ha estado enfermo y Adam ha estado ayudando económicamente a la familia. La directora le ha dejado claro que, si no lo hace, denunciará a Adam por entrar en archivos confidenciales. A continuación, se muestran los resultados de la lectura de Adam, utilizando las personalidades de las figuras.

CARTA NÚMERO UNO: Quién eres ahora: Sota de Copas. Ni siquiera es un Príncipe sino un joven paje bastante atolondrado que, impulsado por los mejores motivos, se ha comprometido y ahora se siente atrapado.

CARTA NÚMERO DOS: Quién te ayudará: El Rey de Oros. Representa al alto directivo de la empresa, que valora mucho el trabajo especial que Adam había hecho en su tiempo libre y le ha estado preguntando a Adam si acudiría durante seis meses a recibir un curso especializado, con su salario actual y con todos los gastos pagados; algo que le supondría un trabajo mejor, en un área completamente distinta de la empresa, cosa que le alejaría de aquella mujer tóxica y le permitiría enviar dinero a casa.

CARTA NÚMERO TRES: Quién se opondrá a ti: La Reina de Espadas. La jefa es rencorosa y la carta no muestra amor, sino solo control. Adam se ha enterado de que otros jóvenes empleados han sido también amenazados por ella, por lo que, con una valentía inusitada, dice que está dispuesto a encontrar a esos otros empleados, que se han marchado en condiciones tormentosas.

CARTA NÚMERO CUATRO: En lo que te convertirás: El Rey de Bastos. No será de inmediato, por supuesto, pero esta situación mostró que Adam tiene el potencial para tener éxito en la nueva dirección que se le ofrece, si persevera.

Para aclarar una posición, puedes sacar cartas adicionales, para responder así a cualquier «Y si…». Adam eligió una carta para saber en qué se convertiría si seguía adelante con la Reina de Espadas. La respuesta fue que devendría en una Sota de Espadas, sin poder, decepcionado y sin amor.

Adam aceptó la formación y, cuando la superiora le amenazó, le dijo que tenía pruebas de otros jóvenes que habían sufrido acoso sexual por parte de ella e hizo amago de presentar una denuncia, basada en las prueba que tenía. Para su sorpresa, ella se echó atrás y le dijo que no quería volver a verle nunca más.

TIRADAS DE TAROT PARA CADA OCASIÓN

HAY MUCHAS TIRADAS O FÓRMULAS QUE pueden utilizarse en la lectura del tarot. Aunque las que sugiero funcionan bien, tanto para muchos otros echadores como para mí misma, es importante que sean adecuadas también para ti. Por lo tanto, adapta los nombres de las posiciones de las cartas que te parezcan irrelevantes o poco útiles, y añade o elimina las posiciones de las cartas que no te encajen instintivamente.

UNA TIRADA EN HERRADURA

Esta tirada de cinco cartas se puede utilizar con los Arcanos Mayores o con toda la baraja. Es buena para examinar un asunto o situación en la que quieras ver el resultado a largo plazo de las acciones que se sugieren en la tirada.

Reparte cinco cartas en forma de herradura, boca abajo, sacando de la baraja cartas del uno al cinco.

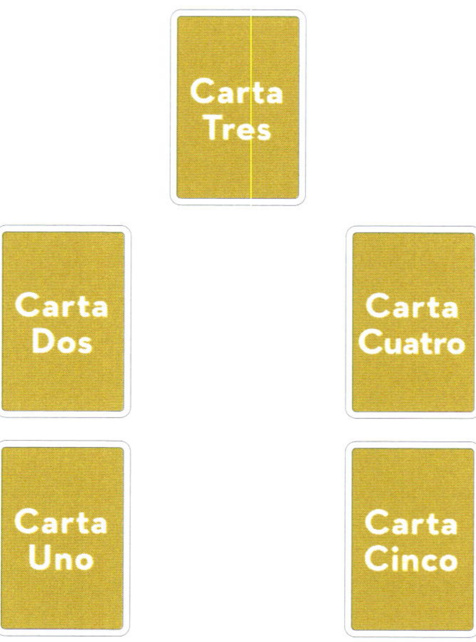

Las cartas

CARTA NÚMERO UNO: El Asunto. Tu posición actual y la elección, dilema o pregunta predominante sobre un aspecto central de tu vida.

CARTA NÚMERO DOS: Influencias Actuales. Son circunstancias y personas que han contribuido a que estés en tu posición actual y que se verían afectadas por cualquier decisión que tomes o cambio que tomes.

CARTA NÚMERO TRES: Influencias Inesperadas. Puede tratarse de factores ocultos, éxitos pasados, viejos miedos o los mensajes que llevamos en la cabeza procedentes de los padres, los amantes del pasado, etc. También incluyen las influencias que intuimos en el horizonte y que entrarán en juego según decidamos cambiar o mantener el *statu quo.*

CARTA NÚMERO CUATRO: Acción sugerida. Ofrece una acción, movimiento o táctica que favorecerá la situación sobre la que se pregunta.

CARTA NÚMERO CINCO: Posible Resultado. Sugiere las posibles consecuencias de nuestra intervención o acciones.

Existe la opción de añadir una sexta carta por encima y entre las cartas uno y cinco, para revelar lo que ocurriría si no actuásemos.

Formula una pregunta concreta o, si las cosas no están claras, deja la mente en blanco y permite que la primera carta que se ha repartido te suministre la verdadera pregunta.

Baraja el mazo y reparte las cinco cartas boca abajo.

Lee las cartas de abajo a la izquierda, de una en una, antes de dar la vuelta de la siguiente forma: carta uno, luego hacia arriba y hacia abajo y, por el otro lado de la herradura, hasta abajo a la derecha (carta cinco).

EL CALENDARIO: LOS DOCE MESES DEL AÑO

Aunque se utilizan muchas cartas en esta tirada, el método y la interpretación son notablemente sencillos. Puedes empezar en cualquier momento del año, pero esta tirada es especialmente buena para empezar en el mes de cumpleaños o como lectura especial de Año Nuevo. Los puntos de cambio personal también son potentes: aniversarios, compromisos, una boda o el nacimiento de un hijo, o si te acabas de divorciar, para darte así esperanzas para el año que comienza.

Además de los doce meses, si afrontas un periodo crucial también puedes sacar cartas para los siete días siguientes o los veintiocho, veintinueve, treinta o treinta y un días del mes por el que preguntas.

Para una predicción de doce meses, o para la tirada del mes siguiente, puede que te sea útil mezclar dos barajas de tarot porque, si una carta se repite, sabrás que tiene un significado particular en tu vida.

En primer lugar, decide el período que vas a predecir para determinar el número de cartas que tendrás que seleccionar. De una baraja boca abajo, o de una baraja mixta (de dos barajas mezcladas), selecciona el número de cartas necesario y colócalas boca abajo en el sentido de las agujas del reloj, formando un círculo.

Da la vuelta a cada carta, yendo en el sentido de las agujas del reloj y léela antes de dar la vuelta a la siguiente. Cuando elijas cada carta, si lees para ti mismo, sostenla en la mano y deja que las imágenes, ideas, palabras o impresiones surjan de forma natural. Escribe o anota tus impresiones y cada carta te guiará en relación con las oportunidades o los retos particulares a los que puedes enfrentarte durante ese periodo en concreto.

Si lees para otras personas, pide a la persona que te pregunta que sostenga la carta elegida antes de cogerla tú mismo; luego, lee cada carta en voz alta y, de nuevo, como se trata de una lectura extensa, puede que desees grabar los resultados para que la persona se los lleve a casa.

En general, las cartas de los Arcanos Mayores indican acontecimientos importantes o casos en los que las circunstancias externas desempeñan un papel importante. Las cartas de Arcanos Menores se refieren a sucesos más ordinarios, pero, sin embargo, significativos y que ocurren en el periodo que se está abarcando. Las figuras apuntan a personalidades dominantes, o tal vez que está a punto de llegar un nuevo amor o un embarazo, si eso es lo que se busca.

Cuando hayas terminado la tirada del calendario, elige una carta final que resuma los siete días, el mes o los doce meses que tienes por delante y colócala en el centro del círculo.

Comienza por la carta uno en el marco de tiempo en el que comienza la lectura.

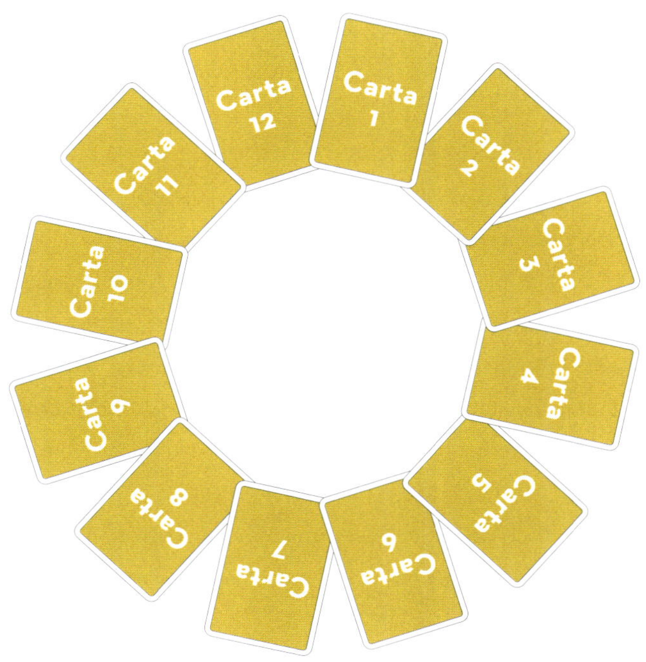

LA TIRADA GITANA

Hecha a veces con naipes de los de jugar, esta tirada de nueve cartas es una de las antiguas tiradas romaníes que se hacen con toda la baraja. Es una fórmula especialmente buena para consultas que tienen que ver con el amor, las relaciones, las mudanzas importantes o los asuntos profesionales. También puede adaptarse fácilmente para cuestiones de justicia o asuntos financieros. Aunque es un poco más compleja, y es por tanto una transición a las tiradas complejas del último capítulo, se basa en lo que ya has aprendido y es muy sencilla.

El método

Baraja o mezcla las cartas, elige tres del mazo, boca abajo, y coloca estas tres cartas boca abajo, de izquierda a derecha, formando la fila uno.

Da la vuelta a las cartas de izquierda a derecha. Antes de leer, coloca encima de la primera fila una segunda fila y luego una tercera fila encima de la segunda, cada una de tres cartas, siempre de izquierda a derecha. Da la vuelta a la segunda fila antes de elegir la tercera. Lee de abajo a la izquierda y de arriba a la derecha.

FILA 1: LAS CARTAS DE TU RELACIÓN O CARRERA PROFESIONAL

Estas tres primeras cartas se refieren a tu relación actual o proyectada, a la carrera o al actual lugar de residencia, así como cualquier pregunta o duda que puedas tener.

CARTA NÚMERO UNO: Acontecimientos pasados que van quedando atrás.

CARTA NÚMERO DOS: Nos muestra los puntos conflictivos o dudas.

CARTA NÚMERO TRES: Lo que más quieres de la relación/carrera/mudanza.

Estas cartas muestran las influencias de los demás sobre una relación o una relación potencial, ya sean oposiciones, presiones para casarse, parientes, ex parejas e hijastros, personas que pueden favorecer o bloquear tu carrera, o personas que intervienen en las elecciones de ubicación.

CARTA NÚMERO CUATRO: Aspectos positivos y personas.

CARTA NÚMERO CINCO: Oposición oculta.

CARTA NÚMERO SEIS: lo que hay que superar.

FILA **3**: LAS CARTAS DE ACCIÓN Y RESULTADO

Las tres últimas cartas ofrecen el camino a seguir y contendrán una solución incorporada, pero, en caso de duda, añade una décima y una undécima carta por encima de la fila tres, para aclarar las pérdidas y ganancias relativas.

CARTA NÚMERO SIETE: Acción sugerida.

CARTA NÚMERO OCHO: Resultado a corto plazo.

CARTA NÚMERO NUEVE: Resultado a largo plazo.

ENCUENTRA TU PROPIO ESTILO DE LECTURA DEL TAROT

CIRCULAN MUCHAS IDEAS EQUIVOCADAS SOBRE EL tarot. Anteriormente hemos disipado el mito de que trae mala suerte el hecho de comprar tu propia baraja de tarot. Sin embargo, aunque resulta encantador que te regalen un mazo, es mucho mejor que entres en una librería, visites una tienda Nueva Era, o entres en Internet y encuentres el mazo adecuado para ti. En caso de duda, empieza con uno de los mazos inspirados en Waite, como el Rider Waite, el Universal Waite o el Golden Waite, que llevan el nombre de su creador, A. E. Waite, y que han inspirado muchos otros mazos. Después, puedes elegir una que represente figuras celtas, señores y damas medievales, o algo más moderno, si así lo prefieres. Hay un gran número de ejemplos *online*, sobre diferentes barajas de tarot con descripciones e imágenes.

Tómate el tiempo que quieras, aprendiendo acerca de cartas individuales o experimentando con las nuevas disposiciones que he estado describiendo en este libro. Si alguna tirada te resulta difícil o poco apropiada, déjala y pruébala más tarde, aceptando que algunos métodos te irán a ti mejor que otros.

INVERTIDAS

Otro mito sobre el tarot es que las cartas que se sacan de la baraja al revés representan un mal aspecto de la carta o un debilitamiento de su significado.

Cada carta tiene aspectos positivos y negativos. El motivo por el que una carta está invertida es que se volvió a colocar así en la baraja durante la sesión anterior. Las otras cartas de la lectura determinarán si el aspecto positivo o negativo de una carta es más evidente.

DAR PROFUNDIDAD A LAS LECTURAS

No es más difícil mezclar dos paquetes idénticos y leer con ellos que utilizar uno solo. Si lo prefieres, mantén los dos paquetes de cartas separados y coge alternativamente de ambos, para tener siempre el número necesario de cartas en total.

La ventaja de una baraja doble es que, si la misma carta aparece dos veces en posiciones diferentes, sabes que tiene un significado especial.

También puedes utilizar dos tipos diferentes de cartas del tarot, ya que entonces la imagen alternativa puede darte una perspectiva adicional sobre una carta repetida.

Por ejemplo, en el Tarot de los Druidas, La Rueda de la Fortuna convencional se muestra como una mujer que dibuja su propia rueda en la arena, lo que aporta un significado muy distinto del de La Rueda de la Fortuna que gira.

SUSTITUCIONES

Si alguna carta que se reparte parece poco útil para el que pregunta, o si una carta se refiere a un asunto del pasado que es mejor olvidar o que es necesario eliminar de su vida, pide al consultante que elija una carta sustituta de la baraja boca abajo.

Colócala encima de la carta que se desea sustituir. Puede tratarse de una carta de transición, de modo que, si la carta que sustituyes sigue pareciendo solo una parte de la historia, sustituye otra carta más hasta que tú y el que pregunta sintáis que tenéis la respuesta correcta, colocando cada nueva carta encima de la que estás sustituyendo. Esto puede ocurrir especialmente en las cartas en posición de Acción o en una carta de Resultado.

LEER PARA TI MISMO

Puedes leer el tarot para ti con la misma facilidad y precisión que para los demás, a pesar de las supersticiones que afirman que esto da mala suerte. Las cartas que elijas te guiarán en tus lecturas personales, y las lecturas de cartas son una excelente manera de obtener información que otros puede estar ocultando. Cuando leas para ti mismo, lo mejor es grabar la sesión y hablar libremente acerca de lo que ves, oyes o sientes con cada carta.

Así evitarás que tu mente lógica ordene y analice el significado de la lectura. A continuación, reproduce la grabación con el esquema delante.

LEER PARA LOS DEMÁS

Cuando leas para otros, pregunta a la persona lo que esta quiere saber. Otra idea errónea es que el tarotista debe adivinar lo que la otra persona quiere saber. Aunque las cartas indicarán áreas de preocupación, adivinar lleva mucho tiempo; es más bien como ir al médico y decirle: «Oiga, doctor, adivine qué me pasa».

Por supuesto, un médico diagnosticaría el problema por eliminación, pero una lectura del tarot sirve mejor para buscar factores ocultos y soluciones.

Empieza por un tema o área de interés inicial, como la vida amorosa o la carrera profesional, para ayudaros a ti y a la persona que pregunta a sintonizar el uno con el otro. Pide a la persona cuyas cartas estás leyendo que las baraje, mezcle o seleccione boca abajo y que te dé el número correcto de cartas boca abajo.

A medida que voltees cada carta, pregunta a tu interlocutor qué sensaciones le produce la carta y qué ve en cada imagen. A continuación, explica lo que sientes tú, pero asegúrate de sostener un diálogo, ya que esto no solo mantiene las energías psíquicas fluyendo entre ambos, sino que también animará a la persona para la que estás leyendo a tomar sus propias decisiones.

Ese es el objetivo de una lectura: que los demás puedan ver lo que puede haber sentido ya instintivamente, pero dudaba de que fuese el camino correcto, que ahora se confirma en las cartas.

SI UNA LECTURA NO FUNCIONA

Si estás utilizando una lectura de tres, seis o nueve cartas sin posiciones, añade más cartas de una en una hasta que la tirada tenga sentido (normalmente tres cartas adicionales, como mucho, aclararán hasta la cuestión más compleja).

Para una lectura en la que haya posiciones fijas, vuelve a poner todas las cartas elegidas juntas en un montón boca abajo, baraja o mézclalas y luego repártelas boca abajo en filas de tres, de izquierda a derecha, de abajo arriba, hasta que te quedes sin cartas.

A continuación, coge del mazo las cartas que sean necesarias para completar la fila superior.

A continuación, dales la vuelta por orden de reparto y lee de abajo arriba, de izquierda a derecha, como si contaras una historia. Esto nunca falla.

CARTA DEL DÍA

Anteriormente, en este libro, hablé de elegir una carta del día todos los días y registrarla en tu diario de tarot, para que puedas detectar cualquier repetición que indique un asunto o persona en tu vida que exija una acción.

Si una carta aparece el mismo día, cada semana o cada mes, intenta averiguar qué ocurre ese día. Si es necesario, añade dos cartas a la carta repetida y haz una lectura de tres cartas.

HACER TIRADAS CON LAS CARTAS DEL DÍA

Si has tenido una semana especialmente significativa y quieres comprender las corrientes subyacentes que no están claras, con respecto a tus seres queridos, amigos o colegas —especialmente si te acercas a una decisión o cambio— toma las siete cartas que elegiste durante la semana anterior como cartas del día.

Si la misma carta se repite durante la semana, lee esa carta para el día en que apareció por primera vez, deja un hueco para poder colocarla y volver a leerla más tarde en la lectura del día en que se repitió (desplazando la misma carta hacia arriba en el conjunto, tantos días como se repita). Haz dos filas de tres, de izquierda a derecha, más una en la parte superior, dejando un hueco para cualquier carta recurrente.

El primer día estará abajo a la izquierda y el séptimo arriba. Da la vuelta a cada carta, léela y continúa hasta que hayas leído los siete días. Si una carta se repite varios días, sabrás que es importante.

TIRADAS MÁS COMPLEJAS PARA DESARROLLAR TUS HABILIDADES CON EL TAROT

ALGUNOS TAROTISTAS CREEN QUE, CUANTO MÁS COMPLICADA SEA una tirada, mejor será la lectura del tarot. Esto no es cierto. Sin embargo, la razón de utilizar una tirada con muchas cartas y/o un mayor número de posiciones de cartas es que proporciona información adicional, si estás haciendo una revisión de tu vida o la de otra persona, o si te encuentras ante un cambio importante en tu vida, o te enfrentas a una decisión de vida o muerte. Las dos disposiciones o tiradas que siguen pueden dividirse en etapas sencillas, para que puedas aprenderlas paso a paso.

Utiliza estas tiradas complejas para ti solo una vez al mes, como máximo. Si lees para la misma persona con regularidad, haz estas tiradas más largas solo una vez al mes o en momentos de cambios importantes en su vida. Lo más útil es comprobar cada tres meses cómo van progresando todos los asuntos, comparando las cartas elegidas en la nueva lectura con las de la lectura anterior.

Deberás dedicar al menos una hora a estos cálculos más complejos y anotar tus conclusiones tanto para los demás como para ti mismo, ya que habrá mucha información que considerar, quizá durante uno o dos días en tu propio caso.

UNA TIRADA DE TREINTA Y TRES CARTAS PARA EL PASADO, EL PRESENTE Y EL FUTURO

La clave de la tirada reside en la interconexión entre pasado, presente y futuro en nuestra vida o en la de la persona para la que leemos.

No es una formación de cartas para utilizar con desconocidos, ya que los asuntos no resueltos, tanto del pasado como de las incertidumbres presentes, pueden hacer de esta tirada un método bastante emotivo.

Fase 1: Las primeras veinticuatro cartas

Utiliza la baraja completa. Este diseño funciona especialmente bien con una baraja doble.

Baraja y reparte las cartas boca abajo como de costumbre, pero esta vez con tres filas de ocho cartas, de izquierda a derecha, de abajo a arriba, de modo que la carta uno está en la parte inferior izquierda y mirando hacia ti mientras lees las cartas, y la carta veinticuatro está en la posición superior derecha.

FILA 1: EL PASADO. CARTAS DE LA UNO A LA OCHO

La fila más cercana a ti representa lo que ha pasado y está pasando de tu vida.

Las cartas más cercanas al principio de la fila de la izquierda se referirán a la infancia y se van haciendo más recientes cronológicamente, según se avanza hacia la derecha de la fila, hasta llegar a la edad que tienes ahora en la carta ocho. Cada carta no representa un número determinado de años, pero los años o acontecimientos clave (por ejemplo, el matrimonio) aparecerán como una sola carta en la fila (quizá dos si el asunto es complicado o doloroso).

En una tirada para ti mismo, estas fechas clave serán obvias; pero, con otra persona, por ejemplo, podrías sacar el Ocho de Copas para un momento en que la persona se fue de casa. Así que pregunta si crees que una carta tiene un significado especial.

Esta primera fila puede contener varios asuntos sin resolver, pero, de forma más positiva, también aquellas áreas y personas que han contribuido al éxito o la felicidad actuales.

FILA 2: EL PRESENTE. CARTAS DE LA NUEVE A LA DIECISÉIS

La fila central representa las influencias actuales y también debe leerse de izquierda a derecha. Aquí encontraremos las relaciones actuales y cualquier pregunta, las influencias del hogar y el trabajo, los objetivos personales y los logros recientes. Esta fila tiende a contener factores más conscientemente reconocidos, ya que las influencias inconscientes de padres, profesores y amores perdidos tienden a quedar enterradas en la línea anterior del pasado (de la uno a la ocho).

FILA 3: EL FUTURO POR CONSTRUIR. CARTAS DE LA DIECISIETE A LA VEINTICUATRO

La fila superior no contempla un futuro fijo, sino posibles caminos a seguir, oportunidades y retos que se vislumbran en el horizonte, así como indicaciones sobre el éxito de la acción o la inacción. El futuro inmediato estará en la izquierda de la fila y el futuro más lejano a la derecha (hasta cinco años en el porvenir).

Una opción consiste en trabajar con las veinticuatro cartas, leyéndolas como he sugerido. Interpreta cada carta, de una en una, y, léelas para ti mismo, sigue hablando para evitar que tu mente analítica entre en acción; cuando leas para otra persona, mantén el diálogo y pide su opinión sobre los pasos significativos de su vida y sus sueños.

Después de leer la carta veinticuatro, añade una carta veinticinco, repartida boca abajo, extraída de la baraja o barajas principales, encima de la carta central de la fila tres. Esta última carta te sugerirá el factor inesperado que te traerá la felicidad y el éxito en el futuro.

Paso 2: Las ocho cartas de estrategia, de la veinticinco a la treinta y dos

Con esta tirada tienes la opción de añadir las siguientes ocho cartas de estrategia a las veinticuatro cartas de pasado, presente y futuro (no utilices la carta veinticinco como sugerí anteriormente, si va a añadir estas ocho cartas adicionales).

Estas cartas adicionales pueden ser útiles a la hora de identificar estrategias capaces de moveros a ti, o a la persona para la que estás leyendo, desde el presente al futuro, de la forma más positiva posible, y para evitar cualquier peligro potencial que se haya identificado en las filas del pasado y del presente. Utiliza estas cartas adicionales si la línea del futuro no te parece clara o si deseas más información sobre las estrategias más inmediatas, sobre todo si hay otras personas implicadas en tus decisiones futuras.

Lee primero las veinticuatro cartas del pasado, presente y futuro.

Vuelve a barajar lo que queda del mazo o mazos, si utilizas dos barajas, y reparte ocho cartas adicionales, boca abajo, de izquierda a derecha.

Colócalas encima de la fila central de cartas, de izquierda a derecha, de forma que cada una de las cartas nuevas cubra una de las cartas de la fila anterior (de la nueve a la diecisiete).

Da la vuelta, una a una, a las cartas de estrategia y cada una de ellas te indicará cómo pasar del presente al futuro en relación con el tema que figura en la carta que cubre.

Vuelve a leer la fila del futuro original (cartas diecisiete a veinticuatro) y ahora sí quedará de manifiesto todo su sentido.

EL ÁRBOL DE LA VIDA

Si solo existiese una tirada completa, recomendaría la del Árbol de la Vida, que está basada en la antigua sabiduría mística cabalística. Esta tirada es fácil de seguir, utiliza solo doce cartas, y es muy eficaz tanto para preguntas espirituales como para cuando hay una serie de diferentes preguntas o cuestiones que afectan al futuro del consultante que, aunque separadas, están todas interrelacionadas.

Esta tirada resulta especialmente buena para asuntos que serán de importancia en el año venidero. Aunque cada esfera está vinculada a colores concretos y tiene conexiones con planetas, éstos no son esenciales para la lectura. Doy aquí las palabras clave de cada esfera, para guiarte.

Utilizar el Árbol de la Vida

Dibuja o escanea los diagramas del Árbol de la Vida con antelación y podrás colocar sobre ellos las cartas elegidas para las lecturas. Por otra parte,

solo tienes que disponer las cartas en la posición de las esferas, tal como
estarían sobre una mesa, de abajo a arriba en el Árbol. Algunas personas
colorean y plastifican un esquema especial del Árbol de la Vida para esta
tirada.

Antes de empezar, de un mazo barajado o mezclado boca abajo, elige
doce cartas de cualquier parte de la baraja (no necesariamente las cartas superiores). El Árbol tiene la esfera más alta con el número uno y en la parte
superior. Comienza a colocar las cartas y a leer por la esfera diez, situada en
la parte inferior, y luego ve subiendo.

Los significados del Árbol de la Vida

ESFERA NÚMERO DIEZ: Tierra, Áreas que abarca: Asuntos prácticos, hogar,
familia, animales, vida cotidiana, dónde te encuentras ahora en tu vida.

Palabras clave: Tengo.

ESFERA NÚMERO NUEVE: Luna, Áreas que abarca: Necesidades, deseos, anhelos, sueños, sentimientos, bajo la superficie.

Palabras clave: Deseo.

ESFERA NÚMERO OCHO: Mercurio, Áreas que abarca: Comunicación, creatividad, lógica, viajes, aprendizaje, riesgos, verdad e ilusión.

Palabras clave: Creo.

ESFERA NÚMERO SIETE: Venus, Áreas que abarca: Amor, relaciones, reconciliación, crecimiento en todos los ámbitos de la vida, armonía.

Palabras clave: Comparto.

ESFERA NÚMERO SEIS: Sol, Áreas que abarca: Éxito, individualidad, confianza
en sí mismo, asuntos laborales, determinación.

Palabras clave: Soy.

EL ÁRBOL DE LA VIDA

Empieza desde abajo y ve subiendo

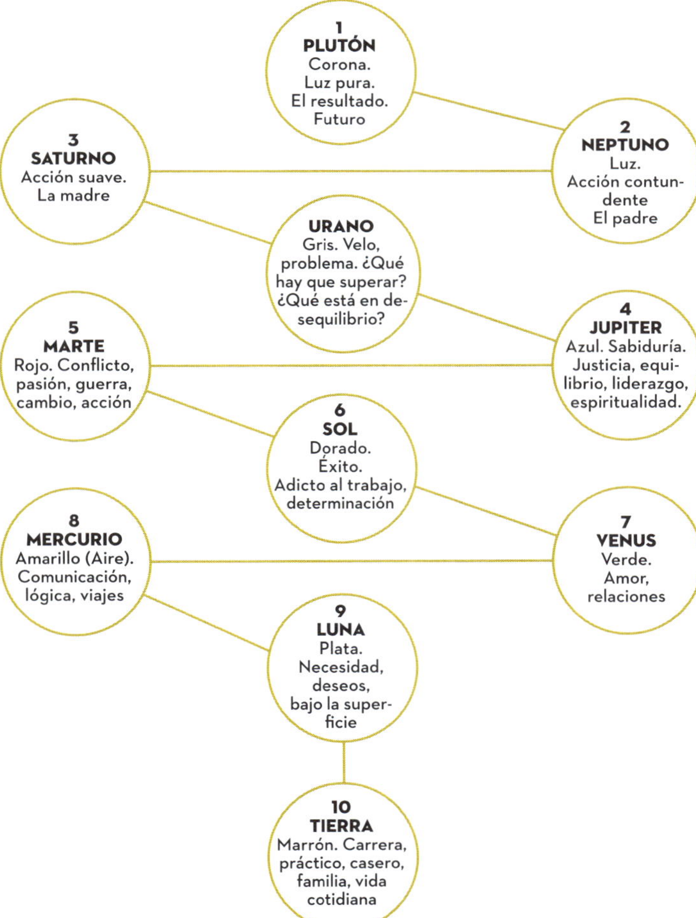

ESFERA NÚMERO CINCO: Marte, Áreas que abarca: Coraje, acción, conflicto, pasión por algo, victoria, cambio.

Palabras clave: Me esfuerzo.

ESFERA NÚMERO CUATRO: Júpiter, Áreas que abarca: Justicia, equilibrio, liderazgo, promoción profesional, toda clase de asociaciones permanentes, personales y comerciales, exámenes, entrevistas.

Palabras clave: Logro.

ESFERA DESCONOCIDA: Urano, Áreas que abarca: Problemas que tiene que superar, bloqueos, obstáculos, lo que se perfila en el horizonte y a lo que quizás tenga que alcanzar.

Palabras clave: Busco conseguir con confianza.

ESFERA NÚMERO TRES: Saturno, Áreas que abarca: La Madre, influencia femenina, acción amorosa suave, aceptación, cuidar de los demás.

Palabras clave: Cuido.

ESFERA NÚMERO DOS: Neptuno, Áreas que abarca: El Padre, la influencia masculina, la acción lógica y decisiva, el esfuerzo, el apuntar alto y los logros.

Palabras clave: Apunto alto.

ESFERA NÚMERO UNO: Plutón, Áreas que abarca: Unidad, integración, los mejores resultados posibles, el futuro por el que se puede luchar, dejar atrás lo que es redundante o destructivo.

Palabras clave: Tengo éxito.

Una Lectura de la Vida Real: La Historia de Lindsey

Lindsey ha perdido todo su dinero, engañada por el hombre al que amaba, que ha desaparecido, se ha llevado todos sus bienes y ha vendido su casa. Se ha quedado sin casa y, a sus sesenta años, siente que no puede empezar de nuevo. Lindsey no quiere vengarse, aunque pudiera encontrarlo, pues sabe que él ya se lo habrá gastado todo.

ESFERA NÚMERO DIEZ: La Tierra; Asuntos prácticos, hogar, familia, animales, vida cotidiana, dónde estás ahora: As de Oros: Arreglar los asuntos prácticos, dónde vivir. Lindsey tiene una vieja amiga que vive cerca de la costa sur de Inglaterra, que va a trabajar en el extranjero durante un año y no quiere alquilar su casa. Ya le ha pedido a Lindsey que le cuide la casa y los animales, lo que le daría un respiro.

ESFERA NÚMERO NUEVE: La Luna: Necesidades, deseos, anhelos, sueños, sentimientos, lo que subyace bajo la superficie: La Luna: Lo más significativo de todo es que ha salido la carta de la Luna en su propia esfera. Lindsey es una clarividente y sanadora dotada, y dirigía su propia escuela de enseñanza online. Pero su pareja la convenció de que renunciara a todo eso para viajar con él (todo pagado por ella).

Muchos de sus antiguos alumnos se han puesto en contacto con ella para preguntarle cuándo dará clases de nuevo. ¿Puede volver a empezar?

ESFERA NÚMERO OCHO: Comunicación, creatividad, lógica, viajes, aprendizaje, riesgos, verdad e ilusión: El Tres de Bastos: Lindsey solía ser una autora superdotada, pero también era algo a lo que había renunciado. Sabía que uno de sus antiguos editores había creado una editorial y buscaba autores con experiencia. Aunque al principio no le pagarían bien, Lindsey podría volver a escribir.

ESFERA NÚMERO SIETE: Venus: Amor, relaciones, reconciliación, crecimiento en todos los ámbitos de la vida: Cinco de Espadas: Lindsey sabía que, si su antiguo amor regresaba, sería porque se había gastado todo el dinero y creía que podría volver a su vida hablándole con dulzura. Luego de que la hubiera dejado, había oído varias cosas alarmantes sobre su pasado, a las que había cerrado los oídos cuando estaban juntos. Así que por, de momento, la lógica tiene que prevalecer en los detalles prácticos de su vida y ella tiene que aceptar que fue estafada (y mucho).

ESFERA NÚMERO SEIS: El Sol: Éxito; confianza en uno mismo, individualidad, trabajo, determinación: La Sota de Oros: Una carta de volver a empezar y de aprendizaje. Lindsey siempre había querido aprender hipnoterapia como vía de acceso a las terapias de la vida pasada. Sabía que había becas que le permitirían formarse, si estaba dispuesta a hacer un curso completo de psicología en una universidad, y había una universidad adecuada cerca de la casa de su amiga (y Lindsey dijo que podría ocuparse del alojamiento durante los dos últimos años de estudio una vez que estuviese de nuevo a punto).

ESFERA NÚMERO CINCO: Marte: Valor, acción, conflicto, pasión por cualquier cosa, victoria, cambio: Torre de la Libertad: Lindsey sabía que, debido a las deudas contraídas por su ex pareja con sus cartas de crédito, lo mejor era declararse en quiebra, ya que no tenía esperanzas de pagar y las constantes llamadas de los acreedores la estaban poniendo enferma. Por difícil que fuera, era la única manera de liberarse.

ESFERA NÚMERO CUATRO: Júpiter: Justicia, equilibrio, liderazgo, promoción profesional, todas las asociaciones permanentes, personales y comerciales, exámenes, entrevistas: Juicio: Sí, había sido tonta, pero cuando creemos que hemos encontrado nuestra alma gemela, el sentido común puede salir volando por la ventana; su amante le había prometido que, cuando se liberaran sus activos inmovilizados en el extranjero, serían ricos y él le devolvería el dinero y mucho más. Así que ahora Lindsey tenía que acogerse aspecto de renacimiento de esta carta y aceptar que, si sus acreedores encontraban a su ex marido, al menos tendría que afrontar algunas consecuencias por sus actos.

ESFERA DESCONOCIDA: Urano: Problemas que tienes que superar, bloqueos, obstáculos, lo que se está formando allá a lo lejos y a lo que quizás tengas que llegar: Dos de Espadas: Esos eran los miedos de Lindsey, su sensación de fracaso, pues había trabajado duro toda su vida, pero sabía que tenía que actuar, porque su vida empeoraba día a día y las deudas se acumulaban. La Torre fue el primer paso.

ESFERA NÚMERO TRES: Saturno: La Madre, influencia femenina, acción amorosa suave, aceptación, cuidar de los demás: La Emperatriz: Sorprendentemente, su hermana mayor, que llevaba años sin hablarle, se enteró de la difícil situación de Lindsey y le ofreció ayuda económica y un techo. Lindsey sabía que no podía vivir con su hermana ni aceptar dinero, pero el parentesco reavivado había curado viejos heridas y le devolvió la fe en la humanidad.

ESFERA NÚMERO DOS: Neptuno, El Padre, influencia masculina, acción lógica decisiva, esforzarse, apuntar alto y lograr: Tres de Oros: Una hermosa carta de reconstrucción paso a paso, y también la certeza de que, para cuando su amiga regresara, Lindsey ya tendría dinero suficiente para alquilar una vivienda en la costa sur, que le encantaba, para los dos últimos años de su carrera.

ESFERA NÚMERO UNO: Plutón: Unidad, integración, los mejores resultados posibles, el futuro por el que se puede luchar: La Estrella: La promesa de que, en doce meses Lindsey vería cumplidos sus nuevos y depurados sueños. Doce meses después, Lindsey ha reabierto su escuela de enseñanza online y, de hecho, la ha ampliado a consultas presenciales.

Vuelve a publicar y está a punto de empezar el segundo año de carrera. Su amiga ha convencido a Lindsey para que se mude al anexo de la casa durante los dos últimos años de carrera y cuide de la casa cada vez que su amiga se ausente.

CONCLUSIÓN

Este es el final de *El pequeño libro del Tarot* y el comienzo de tu viaje tarotístico. Recuerda siempre que, por duro que sea el camino, nuestro destino está en el interior de nosotros mismos y podemos cumplir nuestros sueños. Podemos utilizar el tarot como guía, así como para animarnos a creer a que lo que hay tras la siguiente colina sea maravilloso y emocionante.

Porque podemos hacerlo.

ÍNDICE TEMÁTICO